这样做，迈出投资第一步

兴证全球理财实验室 / 著

中信出版集团 | 北京

图书在版编目（CIP）数据

这样做，迈出投资第一步 / 兴全基金理财实验室著
. -- 北京：中信出版社，2019.1（2022.1重印）
ISBN 978-7-5086-9800-7

Ⅰ. ①这… Ⅱ. ①兴… Ⅲ. ①投资－基本知识 Ⅳ.
①F830.59

中国版本图书馆CIP数据核字(2018)第258888号

这样做，迈出投资第一步

著　　者：兴全基金理财实验室
出版发行：中信出版集团股份有限公司
（北京市朝阳区惠新东街甲4号富盛大厦2座　邮编　100029）
承 印 者：北京诚信伟业印刷有限公司

开　　本：787mm × 1092mm　1/16　　印　　张：17.5　　字　　数：210千字
版　　次：2019年1月第1版　　印　　次：2022年 1 月第 5 次印刷
书　　号：ISBN 978-7-5086-9800-7
定　　价：59.00元

坚信长期的力量　坚信专业的力量

2018 年是中国基金业成立 20 周年。20 年来，基金业坚持市场化、法治化、国际化原则，始终秉承信托精神，不断改革发展创新，在鲜明的制度优势背景下，开展专业、规范的运作，推动投资者理财观念的转变，提升资产管理行业的制度水准。截至 2018 年 6 月底，我国公募基金管理人达 131 家，管理规模达 12.7 万亿元，为 4.2 亿个有效个人投资者账户提供理财服务。20 年来，公募基金业利润总额达 2.32 万亿元，为长期信任公募基金的投资者创造了可观回报。公募基金业逐步发展成为资本市场的中流砥柱，立足服务实体经济，坚守“受人之托、代人理财”的资产管理本源，肩负起推动普惠金融的责任与使命。

随着居民财产收入增加和理财意识增强，公募基金逐渐成为主要的家庭理财金融工具。但是很多基金投资者对投资回报并不满意，这与投资者平均持有期限短、热衷于短期业绩有关，投资者对于长期投资的认知度还不够。从成熟市场历史经验看，养老金、保险金等采取长期投资模式的资金均获得了不错的收益效果。而居民的理财资金中有相当一部分属于长期可投资资产或养老储蓄，适合进行长期投资，比如个人投资者可以依据生命周期进行资产配置，年轻时多配置权益类基金产品，随着年龄增长，不断降低权益类基金产品的占比。典型做法是，投资者在30岁时将权益类基金配置30%，其他配置于固定收益类基金产品；年龄每增长5岁，权益类基金配置比例降低5个百分点，到60岁退休时全部配置为流动性好的固定收益类基金产品。固定收益类产品比例越高，养老产品净值波动越小，资产越安全。权益类基金净值波动大，但它是提高收益率的主要因素。按照上述原则设计的济安金信－腾讯财经中国企业年金指数使用三星级公募基金的历史真实收益率，模拟5种不同风险偏好下企业年金的业绩表现，结果显示，自2011年5月1日至2018年11月28日，保守、防御、平衡、积极、激进型指数的平均年化收益率分别为6.35%、6.20%、6.04%、5.82%和5.59%，5个分指数的业绩表现均显著优于3年期定期存款利率和短期理财产品平均收益率。

而对于基金管理人而言，只有长期资金不断进入市场，专业的管理人才能站在一个宏观的角度做资产配置的策略性安排，实现长期资金与长期资产的匹配。投资并不容易，涉及多领域、多学科，是极具专业度和复杂度的工作。对于普通中小投资者来说，投资其实是高门槛且花精力、耗时间的事情，就像看病找医生、打官司请律师，投资也应该由专业的人来做。相比中小投资者，公募基金管理人等专业机构在研究能力、投资判断、风险控制等方面都具有更突出的优势。公募基金管理人在为客户提供理财服务的过程中，最重要的一点是利用专业投资者的能力与视角，投资真正有价值的优秀企业，努力提供良好的长期投资业绩，让客户获得与我国经济底色、经济发展潜力相一致的长期回报。

20 年峥嵘岁月，中国基金业砥砺奋进，风雨兼程，在不断建立健全制度中寻求可持续发展之道，坚信长期的力量、坚信专业的力量，方成如今“百花齐放，百家争鸣”之局。值此契机，兴证全球基金推出了这本投资理财工具书，书中从为什么要理财、基金究竟是什么、如何挑选基金、常见的基金投资误区有哪些、基金公司如何运作等维度给投资者全面详尽地普及了基金投资的知识，同时该书还突出强调了长期投资的重要性，告诉广大投资者应该如何更好地实践长期价值投资。总体来看，这是一本通俗易懂、知识系统化的基金投资工具书，在结合国内外有趣的投资小故事的基础上，让原本略显枯燥的内容变得生动有趣，值得投资者一读。

洪　磊

原中国证券投资基金业协会党委书记、会长，

现任中国期货业协会会长

前 言

2008 年 11 月北京金融博览会上，笔者曾遇到一位令人印象深刻的基金持有人——我们称她为胡阿姨，她是位退休教师，在金融博览会现场找到我们公司的展台，很开心地拿出厚厚的剪报本，里面竟然是公司之前发布的投资者教育专栏文章和重要报道！她尊称每一位现场的专栏作者为“老师”，还和我们一一合影留念。

用胡阿姨的话说，作为一个从 2007 年 6 月开始投资的“新基民”，她对于理财投资懂的不多，而兴证全球基金每周一篇的投资者教育专栏文章，正好成了她的学习素材，让她“受益匪浅”。更让我们感动的是，当年受国内外经济局势影响，A 股市场历经了为期 1 年的惨烈下跌，沪指从 2007 年 10 月的 6 124 点之巅，一度跌至1 662点，股票乃至偏股票型基金的收益都受到剧烈冲击，被“腰斩”者不在少数，但胡阿姨的心态却很好。一方面，作为学习型基民，胡阿姨比较理性，知道“在别人恐惧时贪婪”，没有在市场下跌时陷入盲目恐慌；另一方面，她精心选择的基金业绩确实相对稳健，跌得要少一些。

胡阿姨的出现让我们的专栏作者们深受鼓励，她从投资者的角度生动地告诉我们，我们和“他（她）们”的交流是有价值的、有效的。兴证全球基金自2007年年初开始在《中国证券报》《新闻晨报》等十余家媒体陆续发布投资者教育专栏文章，公司高管、基金经理及各个部门的同事都积极参与专栏写作，正是希望通过与投资者专业、真实、用心的交流，让投资者了解基金产品，了解资本市场，做到“明明白白做基民”，进而能够真正在基金投资中获益。

如今是2018年，我们的投资者教育专栏已经坚持了近12年，始终保持着每周至少一篇文章的发布，在微信、微博时代，我们与基金持有人沟通的路径更多、频率更高、方式更多元，从文章、漫画，到音频、短视频……无论采取什么形式，我们的核心始终没有改变：为基金投资者提供真实、有价值的信息。

2018年是兴证全球基金成立15周年，15年理想路上，我们的管理规模稳步增长，为千百万客户管理资产，更见证了行业的飞速成长，截至2017年年底，中国公募基金管理规模已经超过11.5万亿元，越来越多的投资者认可基金理财方式，但在“养基”的过程中也有着诸多困惑。因此，经与出版社沟通，我们决定将过去12年的专栏文章汇总改编成一本“工具书”，致力于让大家理性投资，简单投资。

本书的内容主要包括五大部分：

为什么应该投资

很多人认为现金是最安全的资产，然而换个角度看，也可能是最“危险”的资产，因为它的购买力会在通货膨胀（简称通胀）的作用下持续降低。而适当的财务管理不仅可以帮助我们抗击通胀，也可以为更好的生活积累保障和财富。对比市场上主要的投资品种，公募基金是为一般投资者提供的最好的专业理财工具之一。在复利的作用下，长期投资有可能滚出一个收益的“大雪球”。当然，投资的第一课永远都是风险，了解自己，正视风险，才能做到科学投资，夜夜安枕。

怎么挑基金

选择购买哪只基金产品，是基金投资的第一步。很多人买件日常消费品会货比三家，选一种投资产品却人云亦云、糊涂行事，这未免草率。购买基金，就等于购买了基金公司的投资管理服务，换言之，购买的是一种“售后服务”，基民需要在基金创造价值的过程中与之长期相伴。因而，我们从多个维度介绍了选择基金必须观察的重要指标，建议大家擦亮双眼，像选择“伴侣”一样选择适合自己的基金产品。

何时买，何时卖

表面上看，成功的投资就是低买高卖，然而在实际操作中，投资者一不小心就会“追涨杀跌”，结果不赚反亏，为什么会这样呢？我们的专栏文章用了很大篇幅告诉投资者，纵使是专业投资者也很难完美预测短期市场的涨跌，投资真正重要的是把握大概率的正确，因而要选择“入场的时机”，而不是市场“绝对的底部”；定期给自己的基金做“体检”，观察当初买入的理由是否发生了变化，市场环境的变化也是非常重要的；同时，定投、长期投资等投资方式，有助于投资者获得中长期的良好收益，消除市场短期波动带来的影响。

买基金的常见误区

在基金投资中，一些常见的误区，只需多加学习就可以小心规避。比如有些投资者会误以为基金分红是基金公司发给持有人的“大红包”，是一种额外收益；有的投资者以为基金净值越低就是越便宜，因而远离高净值基金；还有的投资者在基金投资上“喜新厌旧”，认为新基金一定优于老基金等。投资者弄清楚一些基本的原理和概念，才是对自己的投资负责。

沟通与思考

为了更好地提供投资管理服务，我们会致力于增加与投资者的沟通，公募基金作为最规范、最透明的投资产品之一，我们会定期公布有关它的干货报告，投资者如何有效获取和分析这些信息？基金公司内部是如何运作管理的？作为专业的投资管理团队，我们会不时地和投资者分享一些对市场的看法、对行业板块的分析理解、对海外基金业的学习心得以及对资本市场的思考和探索。

我们坚持撰写投资者教育专栏文章约 12 年，并不是一件容易的事情，专栏作者们时常产生选题焦虑。坚持做这件事，是因为我们相信，我们所做的事情是有价值的——对于投资者来说，理解自己的投资是很重要的，不能投资那些自己不懂的东西。更重要的是，中国的公募基金诞生 20 年来，以醒目的成绩证明了自身的能力和价值，为投资者创造了良好的超额收益，我们坚信这个年轻的行业未来还会有更多辉煌。

感谢过去约 12 年为兴证全球基金投资者教育专栏贡献才智的专栏作者们：杨东、程亮亮、黄鼎钧、黄可鸿、蒋寒尽、李婧、李小天、林国怀、陆申旸、裴文斐、钱敏伟、田雨松、余喜洋、钟宁瑶、朱周良等。[①]

谨以本书致敬公募基金行业20周年。

兴证全球基金理财实验室

2018年

① 专栏作者排名不分先后。

第一章

开始理财投资，认真对待你的钱

今天有人对持有现金等价物感到很欣慰，他们不该如此；他们选择了一种可怕的长期资产，这种资产实际上不会有任何回报，而且肯定会贬值。

——沃伦·巴菲特（Warren Buffett）

提到投资，你的第一反应是什么？

“赚大钱！”

“陷阱太多，一不小心就亏了……”

“听起来太复杂，学不来，和我没关系。”

“总是谈钱，太俗！”

“我也想投资，但是得先有钱……”

还是——

“早就开始投资了，还用你说？”

在当今这个商业社会，我们努力生活，照顾家人，实现理想，很多时候和各种账户里面的数字息息相关。金钱不能定义我们，但确实能给我们带来一定的独立感、安全感、成就感和幸福感。因而，我们应该认真地对待金钱，让它物有所值，或者“更有所值”。

理财投资正是让钱“更有所值”的路径之一。事实上，个人理财的门槛可能并没有你想象的那么高。如果担忧风险，你可以选择符合个人风险偏好的投资产品。如果自己少有时间打理，你可以“雇人投资”——买基金是一个不错的选择。

让投资者认识基金，更简单地进行投资，就是我们撰写这本书的初衷。

我们“内部”人员究竟是如何投资的

本书作者们都就职于公募基金行业，作为读者，你有没有好奇这个行业的从业者是怎样的一群人呢？根据中国证券投资基金业协会的报告，截至2015年年末，中国的公募基金行业共有从业人员14 513人，其中男性占比58.74%，女性占比41.26%。首先，“我们”是很喜欢读书的，从学历构成来看，公募基金从业人员博士学历占比4.07%，硕士占比54.54%，本科及以下占比41.39%，如图1.1所示。

同时，“我们”是比较年轻的，25～35岁的人群占比63.19%，

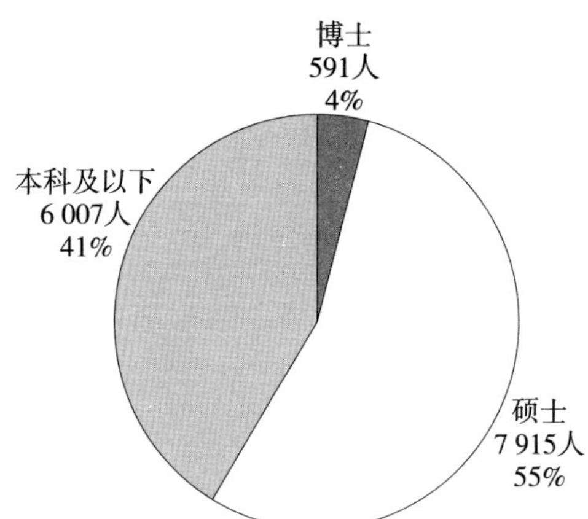

图1.1　2015年公募基金从业人员学历构成

资料来源：《中国证券投资基金业年报（2015）》。

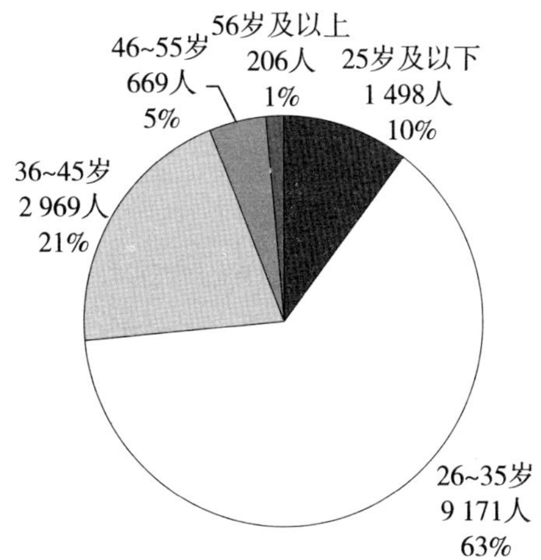

图 1.2　2015 年公募基金从业人员年龄构成

资料来源：《中国证券投资基金业年报（2015）》。

36 ~45 岁人群占比 20.46%，如图 1.2 所示。

投资者往往认为我们身处投资行业，是最接近资本市场的一群人，也常会有朋友向我们打探“内部消息”。笔者认为，基金公司最“内部”的信息，其实应该是“我们”这些从业者如何理财投资。

经过一番不很全面的调查研究，笔者初步梳理了身边“基金民工”们理财投资的几点特征。

工资只是收入的一部分

同为基金民工，有些可能是“显性贫困”，有些可能是“隐性富豪”，这不完全取决于工资，还取决于投资产品的眼光。有些人持有“长寿”且绩优的 Tenbagger（涨十倍）基金，也有些人没有这么好的眼光和运气，小赚甚至小亏。是的，基金民工做投资，也要多做些功课才行。

“鸡蛋不放在同一个篮子里”

“全球资产配置之父”加里·布林森[①]（Gary Brinson）说过，长期来看，投资者约90%的投资收益其实来自成功的资产配置。简单来说，鸡蛋不要放在同一个篮子里，资金不要全部投在一类产品上，而要根据自己的资金实力和风险承受能力，在不同的投资类别和不同类型的基金中做出一定的分配和平衡。而基金从业者在资产配置时，往往也会注重在不同类别资产或者不同类别基金中做出取舍和权衡。

银行账户里的余额很少

钱都去哪儿了？投资了。每月工资一到账，我们的第一步是买入货币型基金——这是一种现金管理类投资产品，有大家熟知的“余额宝”“现金宝”等，本质上都是货币型基金产品；第二步是将中长期闲置的钱做进一步的投资，这就需要选择合适的投资品种了。

小贴士

什么是货币型基金？

市场上火爆一时的“宝宝”类理财工具，比如余额宝、现金宝等，背后对接的就是货币型基金（又称货币市场基金）产品，

① 加里·布林森：毕业于西雅图大学，曾在华盛顿州立大学任教，1970 年加入旅行者保险公司，1981 年创办第一芝加哥投资咨询公司。他的才能在于能够跨越学术和实践两大领域，建立全球资产配置战略，1995 年被《财富》杂志评为“全球资产配置之父”。

这类产品的风险收益特征就是收益不高且风险低。同时，互联网平台方便快捷的活期资金管理功能，也让货币型基金如虎添翼，着实“火了一把”。

货币型基金的投资标的都是货币市场工具，即剩余期限在1年内的债务工具，包括：1年以内（含1年）的银行存款、剩余期限在397天以内（含397天）的债券、期限在1年以内（含1年）的中央银行票据等。上述这些工具通常由政府、金融机构以及信誉较高的大企业发行，具有流动性好、安全性高且收益相对稳定的特征。更重要的是，一般投资者无法直接参与货币市场工具的投资，从这个角度来说，货币型基金给了普通投资者一个参与货币市场、获得稳定收益的捷径。

重要的是，“我们”基本上都是基金持有人

事实上，基金民工很少有不买基金产品的，即使是专门负责投资的基金经理，有时也会买入自己管理的产品。如果你翻开某种基金产品的年报或者半年报，都能从“基金份额持有人信息”一栏中找到基金公司高管及基金经理本人持有该基金的情况。基金民工身处“精打细算”的金融行业，用自己的钱买入产品，算是一种值得参考的“用脚投资”。

说好了勤劳致富，为什么需要理财投资呢

通胀是一种税，其破坏性远大于任何税种。

——沃伦·巴菲特

抗击通胀：像你一样，你的钱也会慢慢变老

很多人认为存款放在银行很保险，但是“保险”不等于“保值”，尽管你的存款“面值”没有变化，但是它的“购买力”却下降了。也就是说，你的财富悄悄地被吞噬了，而你还丝毫没有察觉，这个“小偷”就是通货膨胀。

小贴士

什么是通货膨胀?

通货膨胀是指由于物价水平的普遍持续增长，造成货币购买力的持续下降。世界各国基本上都用消费者价格指数（CPI）来反映通货膨胀的程度，这个指数反映了与居民生活有关的产品及劳务价格的变动。如果在过去 1 年，CPI 上涨 3%，就意味着你的生活成本比 1 年前平均上涨了 3%。

假如现在有 100 单位的购买力，不做任何理财投资，以通货膨胀率 3% 来看，10 年后的购买力仅剩原先的 74.41%。只要有通货膨胀，购买力就会随着时间的推移被稀释。通货膨胀对购买力影响的测算见表 1.1。

表 1.1　通货膨胀对购买力影响测算　　单位：%

通货膨胀率	1 年后购买力	5 年后购买力	10 年后购买力	20 年后购买力
1	99.01	95.15	90.53	81.95
2	98.04	90.57	82.03	67.30
3	97.09	86.26	74.41	55.37
5	95.24	78.35	61.39	37.69
7	93.46	71.30	50.83	25.84

从这个角度来讲，你可能不喜欢运动，但你的财富一辈子都在赛跑。这是一场长达几十年的“马拉松”，这场比赛悄无声息，甚至不管你愿不愿意参加，它的对手都是CPI。有人统计过，在美国历史上，从1900年到2000年的100年间，货币贬值了54倍。数据显示，从2008年至2017年，中国CPI的年平均值为2.6%。

通货膨胀侵蚀财富最明显的例子是养老。我们算一笔账，如果你现在40岁，希望在60岁退休后安享30年退休生活，每月消费水平相当于目前3 000元人民币的购买力，假如不考虑通货膨胀因素，则需要在退休时准备108万元的现金。

然而通胀是客观存在的，假设年通胀率为3%，意味着20年后，每月5 418元才能抵当下3 000元的购买力，也意味着你20年后需要为未来30年准备的现金总数为309.3万元。如果你现在30岁，退休时需要准备的现金则为415.7万元，见表1.2。

表1.2 60岁退休时所需养老资金 单位：万元

目前年龄	离退休时间	不考虑通胀，退休时需准备的金额	假设通胀率为3%，退休时需准备的金额
20岁	40年	108	558.7
30岁	30年	108	415.7
40岁	20年	108	309.3
50岁	10年	108	230.2

跑赢通胀，不仅是一场攻坚战，也是一场持久战，需要长远的计划和系统的准备。

财务管理：为更好的生活积累保障和财富

我们常把“认真工作”视为一种美德，因为这是一种基本的职业操守，而且往往会给我们带来可持续的现金流——工资。

如果良好的财务管理，能够为你在工资之外，提供一份财务保障，或者相对可观的收入，那么你工作的心态可以放松一些，有助于你保持工作和生活的平衡，你甚至可以适当休息一下。

而且，从全生命周期收支曲线来看，不是每个阶段都能保证收入稳定大于支出。从图 1.3 所示的全生命周期收支曲线看，假设一个人活到 80 岁，他大约在 25 岁时收入可以大于支出，在 60 岁时收入开始小于支出，所以收入大于支出仅有 35 年。这些积蓄怎么转变为 60 岁退休后的生活保障，以及为后代准备的财富，是家庭理财投资的原因之一。

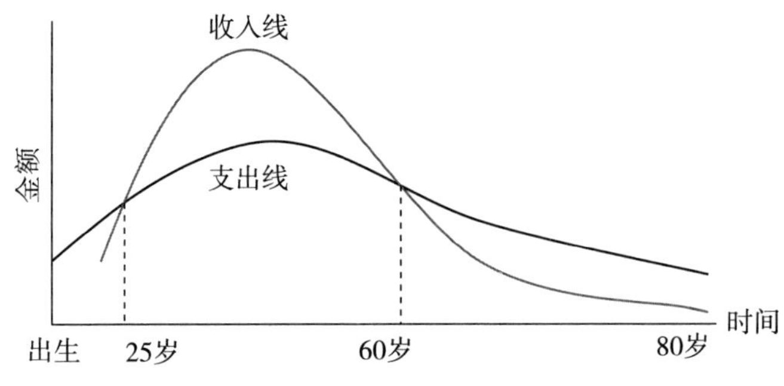

图 1.3　全生命周期收支曲线

拓展阅读

“婴儿潮”一代的美国人如何战胜通货膨胀？

提到抗通胀养老，美国的 401（k）计划一般被视作一种较为成功的模式。

401（k）计划始于 20 世纪 80 年代初，是一种由雇员、雇主共同缴费建立起来的完全基金式的养老保险制度。美国政府为了降低社会养老的压力，利用“免税”优惠来刺激美国居民增加储蓄，即按照某固定比例将居民工资投入401（k）账户，而这部分“工资”当期免税，仅需在取款时一次性缴纳个人所得税。“婴儿潮”一代[①]恰恰赶上401（k）计划这趟车。

拥有401（k）账户的美国雇员，其401（k）账户都会在每月发薪日从工资账户自动扣款。按照相关规定，该账户里的资金必须在59岁半后才能取出，如果提前取款则不仅要被多扣税还要被罚款。账户里的资金虽然不能被随时取出，却可以被自由支配进行投资。

与401（k）计划相伴成长的“婴儿潮”一代普遍接受了比较好的教育，物质条件优越，精神层次的需求较高，并且以自我为中心。相较而言，他们的父辈多经历了两次世界大战的恐慌时期以及大萧条的困难时期，特别是经历了1929年的股市大崩溃，很多人再也不敢进入股市。这样一来，“婴儿潮”一代成为战后美国经济最大的受益者。如今401（k）计划已经成为美国重要的养老资金来源，覆盖超过60%的美国家庭。随着401（k）计划30余年的发展壮大，这一代人也愿意将其401（k）计划账户资金进行偏股类投资。

长达二三十年的401（k）计划收益如何呢？如果选择标准普尔500指数（S&P 500）作为标准，模拟定期定额投资长期投资指数的历史表现，[②] 我们发现，投资8年以上赚钱的概率超过90%，坚持20年赚钱的概率近乎100%。不仅如此，坚持20年定期定额投资，复合年化收益率、增长率可高达8.12%，而年化几何平均CPI是3.91%。[③] 如此测算，投资收益率远远跑赢了同期的通货膨胀率。

① “婴儿潮”一代：指1946年年初至1964年年底出生的人。

② 资料来源：万得资讯，选自1961年至2017年2月共674个样本动态测算。

③ 资料来源：万得资讯，1961年1月至2017年1月。

干货——盘点市场常见理财投资品种

投资虽然存在着一定的门槛，但是也并没有那么复杂，就像弹吉他、学游泳一样，也可以通过学习来掌握。

市场上有许多种投资方式。股票、黄金、债券、信托、银行理财等，为了使投资者有一个较为全面的认识，我们从收益、风险等级、投资要点、交易门槛、流动性等多个角度出发，简单梳理了市场上常见的金融产品，见表 1.3。

表 1.3　常见金融产品一览

产品	过去5年年化收益率(%)	风险等级	投资要点	渠道	交易门槛	流动性
定期存款	2.14	低风险（银行评级）	主要取决于基准利率，以及各银行上浮比例	银行柜台/银行 App	50 元起存	固定期限：3 个月/6 个月/1 年/2 年/3 年/5 年等
货币型基金	3.79	低风险（蚂蚁财富平台评级）	收益与短期利率水平相关	银行/基金公司官网和 App/支付宝等	0.01 元起投	灵活存取，赎回 T+1 到账
银行理财	3.75	有不同风险等级的产品，风险大小与产品投向、产品条款相关	需选择发行银行、了解产品具体投向，底层资产影响收益水平	银行柜台/银行 App	5 万元起投	固定期限：1 个月/3 个月/6 个月/1 年/2 年/3 年/5 年等

续表

产品	过去5年年化收益率(%)	风险等级	投资要点	渠道	交易门槛	流动性
债券	3.54 5.76	国债：低风险（银行评级） 信用债：风险由发行人信用等级确定	需要研究短中长期国债利率、信用等级、信用利差等	银行柜台和App/交易软件/券商营业部	1 000元起投	可在二级市场交易
债券型基金	5.72	中低风险（蚂蚁财富平台评级）	优选基金公司、基金经理、具体产品	基金公司官网和App/银行/券商/支付宝等	最低10元起投	灵活申赎，赎回最快T+2到账
信托产品	8.03	有不同风险等级的产品，风险大小与借款人信用、资金投向、产品结构相关，与P2P相比优势在于监管更严格	产品类型多（贷款类、权益类、基建类等），需了解信托公司资质、资金具体投向、项目类型、信托借款人信用等级等	信托销售平台/银行柜台	一般100万元起投	固定期限：6个月/1年/2年/2年以上等
现货黄金	-3.69	中风险（银行评级）：短期价格波动大，长期具有保值功能	长期可以抵御通胀，短期需要判断黄金价格走势	银行柜台/银行App	最低1元起投	灵活申赎，流动性较好
黄金ETF	相关产品成立未满5年	中风险（蚂蚁财富平台评级）：短期价格波动大，长期具有保值功能	ETF产品与金价走势挂钩，短期投资需要预判黄金价格走势	银行/券商/基金公司官网和App/支付宝/理财通等	最低1元起投	灵活申赎，赎回最快T+2到账

续表

产品	过去5年年化收益率（%）	风险等级	投资要点	渠道	交易门槛	流动性
股票型基金	13.48	高风险，但通过分散化投资一定程度降低了组合风险	关键在于选择专业管理人，根据自身风险偏好选择基金经理和具体产品，比直接投资股票更简单轻松	银行/券商/基金公司官网和App/支付宝/理财通等	最低1元起投	灵活申赎，赎回最快T+2到账
股票	9.34	市场波动大，高风险	专业性高：需研究宏观、行业、公司、市场情绪、政策等股价影响因素，需掌握财务分析、估值等技能	交易软件/券商营业部（需要开立证券账户）	最小交易量为100股，金额根据股价而定	二级市场交易，流动性较好

注：计算各类金融资产收益率的价格指数如下：

1. 1年期定期存款基准利率。
2. 货币型基金收益率的算术平均：按照银河证券的基金分类。
3. 理财产品预期年化收益率、增长率：全市场，1年期。
4. 上证国债指数，上证企债指数。
5. 债券型基金收益率的算术平均：按照银河证券的基金分类。
6. 信托产品预期年收益率：贷款类信托是1～2年的。
7. 伦敦金现价格指数。
8. 博时黄金ETF。
9. 股票型基金和偏股混合型基金收益率的算术平均：按照银河证券的基金分类。
10. 沪深300指数。

资料来源：万得资讯、银河证券，2013年3月31日至2018年3月31日。

定期存款

作为最传统的理财方式，定期存款虽然风险小收益最稳定，但收益率较低。2015年10月以来1年期存款基准利率下调为1.5%，当然部分银行会在此基础上做出一定比例的上浮，但相比近年的通胀水平，收益依旧偏低。更可惜的是，定期存款一旦中途取出只能按活期利率计算收益。

货币型基金

货币型基金，理财界“当红小生”之一，该品种资质甚佳：风险小——收益随市场利率小幅波动，收益率水平整体稳健；市场化收益——完全市场化，过去 3 年市场上货币型基金的平均年化收益率在 3.3% 左右；[①] 申赎方便——支付宝、微信、同花顺、银行 App（应用程序）等平台都可以一键购买，赎回到账快；投资门槛低——几乎没有投资门槛，手头闲余资金随时可以拿来赚取收益，基本被当成零钱钱包使用；交易成本低——在不收取强制赎回费用的情况下，无申赎费用，仅承担较低的销售服务费和管理费。

银行理财

同样是理财界“当红小生”，银行理财产品用 2～3 倍的收益率“秒杀”定期存款，成为银行渠道忠实粉丝的热捧产品。银行理财产品相当长时间受益于银行的品牌背书，风险相对较低，2015 年 3 月至 2018 年 3 月，全市场银行理财产品的平均年化收益率在 4.6% 左右。[②] 银行理财产品一般 5 万元起投，并且有固定期限，流动性要求高的资金不适合进行该类投资。

过去存在一些保本型银行理财产品，受到投资者的喜爱，这类产品由银行担保。但是根据最近出台的资管新规，今后将不再允许发行保本型产品，也就是“打破刚兑”。因此，投资者需要更加谨

① 资料来源：万得资讯，2015 年 3 月至 2018 年 3 月。

② 资料来源：万得资讯，全市场，1 年期。

慎地衡量银行理财产品的风险与收益。

债券与债券型基金

债券最大的优势是收益稳健，适合风险承受能力不高的投资者。以前大家会选择去银行柜台买国债，但是购买很不方便，而且可选范围有限，随着债券型基金的推出，越来越多的个人投资者通过基金交易参与债券市场。

比起自己直接购买债券，债券型基金确实有不少优势：第一，债券型基金由专业机构管理，投资更丰富的债券品种，不仅可以分散风险，而且可以获取很多个人无法参与的优质债券；第二，与国债相比，债券型基金可以获得更高的收益，截至 2018 年 3 月底，债券型基金过去 10 年和过去 3 年平均年化收益率分别为 5.6% 和 3.7%，上证国债指数相应的年化收益率分别为 3.7% 和 3.3%；第三，信用债违约概率上升，直接买个券容易“踩雷”，而专业机构对信用风险的把控力更强；第四，买债券需要开立证券账户或在银行柜台购买，债券型基金的投资渠道更丰富，可以通过银行 App、互联网平台等获取。债券型基金和国债指数收益率走势如图 1.4 所示。

图 1.4　债券型基金和国债指数收益率走势

资料来源：万得资讯，2008 年 4 月 30 日至 2018 年 3 月 31 日。

信托产品

信托产品可以投向非标资产，种类丰富，有房地产信托、贷款类信托、股权类信托等。信托产品的优势主要在于：投资收益率高，过去3年市场信托产品的平均年化收益率在7.5%左右；[①] 并且监管严格，安全性较高，收益较为稳定。

但信托的投资门槛较高，基本是100万元起投；而且存续期内不可赎回，流动性差；认购程序也非常复杂。

黄金系列

黄金作为一种长期保值增值的资产，受到老百姓的喜爱。由于贵金属黄金是一种硬通货，价格会随着通胀上升而上涨，长时间来看是抵御通胀风险的极佳品种。同时，黄金具有避险属性，当世界政治经济不稳定时，多数投资品种如股票、房地产信托等都会受到较为严重的冲击，而黄金作为避险资产，会受到资金追捧，价格不降反升。而且自古以来黄金都在世界范围内受到认可，没有国别之分。不过，虽然黄金长期可以实现稳定增长，但其短期价格波动还是比较大的。

过去老百姓投资黄金的主要途径是在珠宝店买实物黄金，如黄金饰品或者金条，入手还算方便，但是需要支付一定的溢价和加工费，无法完全获得黄金价格上涨的收益，并且有一定的投资门槛。现在市场上有很多金融类黄金产品，如银行的纸黄金、基金公司的黄金ETF，不需要储藏且买卖方便。

其中黄金ETF是当前比较流行的投资品种，该类基金主要投资于上海黄金交易所的黄金合约，与金价的相关度几乎为100%，

① 资料来源：万得资讯，2015年3月至2018年3月。

2015年3月至2018年3月的年化净值增长率为4.8%，交易成本和投资门槛均较低（最低1元起投），可灵活申赎，可以说是入门级的黄金投资品种。

小贴士

什么是ETF？

ETF（Exchange Traded Funds），全称为“交易型开放式指数基金”，是一种在交易所上市交易的、基金份额可变的开放式基金。

ETF属于开放式基金的一种特殊类型，它结合了封闭式基金和开放式基金的运作特点，投资者既可以向基金管理公司申购或赎回基金份额，又可以在二级市场上按照市场价格买卖ETF份额。不过，申购和赎回必须以一篮子股票换取基金份额或者以基金份额换回一篮子股票。由于同时存在证券市场交易和申购赎回机制，投资者可以在ETF市场价格与基金单位净值之间存在差价时进行套利交易。套利机制的存在，使得ETF避免了封闭式基金普遍存在的折价问题。

黄金资产收益走势如图1.5所示。

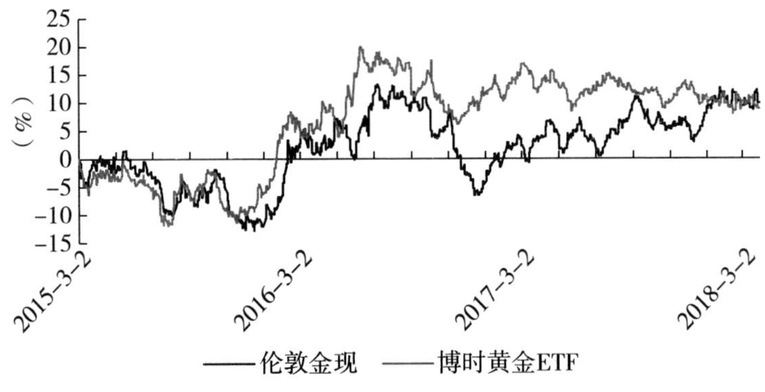

图1.5　黄金资产收益走势

资料来源：万得资讯，2015年3月31日至2018年3月31日。

股票与股票型基金

股票资产凭借高收益吸引了大量投资者，国内选择自己投资基金的个人投资者数量很多，而美国等成熟资本市场则是以机构投资者为主。近年来，随着自己投资基金越来越难赚钱，股票型基金也越来越受到投资者的青睐。

小贴士

什么是股票?

股票是股份公司发行的所有权凭证，是股份公司为筹集资金，而发行给各个股东的持股凭证，股东可以凭此取得股息和红利。每股股票都代表股东对企业拥有一个基本单位的所有权。每只股票的背后都会有一家上市公司。

同一类别的每只股票所代表的公司所有权是相等的。每个股东所拥有的公司所有权份额的大小，取决于其持有的股票数量占公司总股本的比重。

如果只是一场游戏，那投资基金确实是很刺激的选择，但真刀真枪地投入血汗钱，就需要三思而后行了。股票投资其实是“专业活”，需要理解宏观经济、行业趋势，需要看得懂公司情况、读得懂企业财报，需要花费大量时间研究和筛选股票，还需要理解市场波动和投资者情绪。你可能最终发现，投入了大量精力却鲜有成效。所以专业的事最好交给专业的人来做，股票型基金背后是专业的管理团队，并且通过分散化投资来降低个股集中持有风险。

长期来看，股票型基金的赚钱效应还是很明显的，截至 2018

年3月末，过去3年股票型基金总指数的年化增长率达到10.3%，同期沪深300指数的年化收益率为4.5%，其中绩优基金的表现更是喜人。

当然，虽然比直接投资股市的风险小，但比起固定收益类产品，股票型基金的波动率还是较大的，尤其是在市场整体表现低迷的时候；同时交易成本较高，包括申购费、赎回费、管理费，所以太过频繁地买卖基金会侵蚀掉部分收益，建议投资者长期持有，不要过多关注短期波动。股票型基金及市场指数收益走势如图1.6所示。

投资中有一个非常重要的原则，就是不要投资自己不懂的产品。所以投资者在理财投资之前，一定要多做功课，认真了解各类投资品种的风险收益特征，根据自身的风险承受能力来谨慎投资。

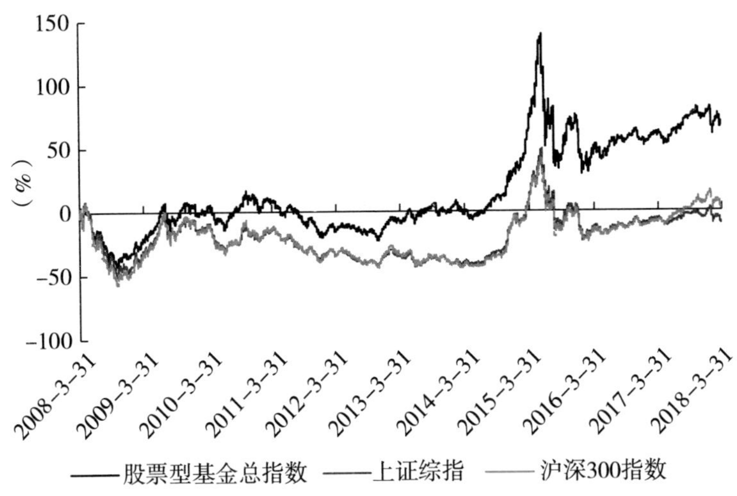

图1.6　股票型基金及市场指数收益走势

资料来源：万得资讯，2008年3月31日至2018年3月31日。

散户为什么更适合买基金

一般的投资者应该找个出色的交易商代他交易，然后自己去做些真正喜欢的事情。

——《巴菲特与索罗斯的投资习惯》

（*Winning Investment Habits of Warren Buffett and George Soros*）

投资虽然值得一学，但受限于时间、精力和专业能力等，也确实不是每个人都适合亲自操刀的，此时还有一个选择——买基金，也可以理解为雇用一个团队帮你理财。

判断自己是否需要雇用一位优秀投资者非常简单，观察一下自己的投资收益是否能够超越基金。以 2017 年为例，A 股只有 32% 的股票上涨，但同期有 86% 的股票型基金和混合基金取得了正收益。① 如果你在 2017 年亏了钱，那么买基金大概率是一个不错的选择。

基金理财的本质究竟是什么呢？其实投资工作也像医生、律师等职业一样，是一项专业服务。一般人都能理解，看病需要找医生，打官司需要请律师。投资证券，表面看谁都能投资，其实不然，投资需要专业知识、研究资源和良好的心理素质，还要花费大量的时间和精力才能做好。举例来说，要想获得较好的投资回报，投资者必须对宏观经济变化、对行业、对公司基本面等有深入的研究和把握，加上当前全球经济与股票市场的联动性越来越高，股票市场越来越开放，投资者不仅需要研究国内市场，可能还要掌握全

① 资料来源：银河证券。

球市场的动态，所以投资的专业门槛是一点儿也不低的，而且正在变得越来越高，普通投资者很难战胜专业投资者。

目前来看，公募基金是为一般投资者提供的最好的专业投资工具之一，其优点可以概括为以下三点。

小贴士

什么是公募基金?

公募基金是指以公开方式向社会公众投资者募集资金，并以证券为投资对象的证券投资基金，受法律和监管部门的严格监管，有信息披露、利润分配、运行限制等行业规范。

公募基金的特点有：以众多投资者为发行对象，面向不特定对象的投资者，封闭式基金可申请在交易所上市，信息披露公开透明，投资门槛较低。

门槛低，投资易

买基金很方便，甚至很多人都有“一发工资就买”的习惯。即使手里钱不多，也不妨碍我们做精细的理财规划。相比私募基金、信托产品等动辄几百万元的资金要求，公募基金对中小投资者非常友好，10 元、1 元就可以投，有些货币型基金甚至 0.01 元就能投。

除了要对所投产品和自身风险承受能力有基本了解，公募基金投资并不需要你拥有完备的专业知识。买基金也就意味着委托专业资产管理机构来为你理财，基金投资者还可以间接投资银行间债券、股指期货等普通投资者很难直接参与的投资品种。

公募基金集中了社会大众的“小”资金进行集合投资，从而使投资者得以“以小投大”地参与门槛高的投资品种，同时还具有分散风险的作用。

买透明，买放心

由于公募基金是向社会大众公开募集，所以与其他投资品种相比，面临着更严格的监管、更透明的信息公开要求。公募基金的产品信息是完全公开的，每个季度都可以查到基金的投资组合、重仓标的、投资策略等信息，基金的业绩表现和净值波动也是公开数据，投资者可以容易地判断各只基金的优劣。

更专业，更成熟

相比小股民，公募基金公司在投资方面更加专业。基金公司拥有专业的投资团队，公募基金也体现出长期赚钱效应：自 1998 年公募基金诞生以来至 2017 年年底，我国公募基金业累计已为持有人创造了超过 2 万亿元的利润。[①]

然而，有些基民在买基金的过程中却没赚到钱。一个原因是投资时间太短——“炒短”不仅很难做到“高抛低吸”，还会浪费不少手续费。特别要提醒的是，根据监管规定，从 2018 年 4 月 1 日起，各基金公司“对除货币市场基金与交易型开放式指数基金以外的开放式基金，对持续持有期少于 7 日的投资者收取不低于 1.5% 的赎回费”，其实也是在引导投资者延长基金的持有期。另一个原因是，不同基金管理人的专业性、投资能力、风控能力等方面存在差异，投资者可以通过长期业绩加以判断，而不宜以一日或短期的波动作为投资依据。

国内主动管理型基金能够大多跑赢指数，创造超额收益的原因

---

① 资料来源：银河证券。

之一，正是中小投资者占到相当大比例；与之对应的是，中小投资者整体而言大多跑输了指数，这一点相信很多中小投资者能够切身感受到。随着资本市场的逐渐成熟和各项制度的发展完善，我们有理由相信，未来市场上专业投资者的优势还可能会更加明显，而“让专业的人做专业的事”的投资理念也将为更多投资者所接受。

拓展阅读

你的投资是“逐乐投资”吗？

在投资中，有些投资者明明赚不到钱，但是仍然坚持自己投资，而不求助于他人。笔者就有朋友，历史投资收益远远跑输大盘，也没什么时间做投资功课，但就是不肯采用基金投资等稍微轻松些的理财方式，为的就是一种“参与的乐趣”和“凭借自己能力获取高收益”的乐观期望。

这种不完全以赚钱为动机，而是更看重“乐趣”或者“参与感”的投资，按照《华尔街日报》(*Wall Street Journal*)专栏作家利亚姆·普列文（Liam Pleven）的说法，可以被称为“逐乐投资”，在美国也非常流行。与周末前往拉斯维加斯的赌徒一样，许多人意识到从长远来看他们可能亏损，但除赚钱之外，这些投资者可能还想寻找刺激，追求理想，证明他们的天赋和智慧，或者寻求其他心理回报。这些投资者中甚至包括普林斯顿大学资深经济学家、《漫步华尔街》（*A Random Walk Down Wall Street*）一书作者伯顿·马尔基尔[①]（Burton Malkiel），他将大多数的自有资

① 伯顿·马尔基尔：曾任美国总统经济顾问理事会会员、耶鲁大学管理学院院长、普林斯顿大学经济学系主任，代表作品《漫步华尔街》。

金投入指数基金，另外10%左右的资金则用于购买和持有个股，并称“从某种意义上说这是一种爱好”，因为“包括我在内的许多人都有种想赌一把的冲动”。

分清“逐乐”和“赚钱”的界限是非常重要的。虽然每个人都希望能够在“逐乐”中轻松赚钱，但事实上大部分人很难做到。想一想投资典籍里反复告诫我们的那些问题：那些让我们感觉很好的投资往往不是一个好主意？把鸡蛋放在一个篮子里往往是投资大忌？要赚快钱？先给自己把把脉，看看自己的心脏能承受多么剧烈的过山车游戏，容易赚的钱也往往容易得而复失。搭便车，走捷径？据说小道消息往往是让毕生积蓄打水漂最快捷的方式。

相对不那么刺激，但较为稳妥的理财方式是什么呢？资产配置、风险控制，将可能亏损的幅度控制在自己可承受的范围之内；合理估计自己可以为投资付出的时间和精力，如果非常有限，不如请专家代理，比如投资基金；不要投资太多品种，也不要太频繁交易，精心构建一个易于维护的投资组合……当然，这不一定能说服所有人，就像加州圣塔克拉拉大学金融学教授迈尔·斯塔特曼①（Meir Statman）所说的，“如果理财顾问建议客户投资广泛的多元化基金，许多投资者的反应就像有人跟他们说日后要以菠菜为生一样”。

更重要的是，大部分投资并没有想象的那么有趣。经济学家保罗·萨缪尔森②（Paul Samuelson）说，投资本来就应该是无趣的，

---

① 迈尔·斯塔特曼：行为经济学家、加州圣塔克拉拉大学金融学教授。

② 保罗·萨缪尔森（1915—2009）：著名经济学家、凯恩斯主义代表人物之一、麻省理工学院经济学教授，1970年获得诺贝尔经济学奖，著有《经济学》《线性规划与经济分析》《经济分析基础》等。

如果你想追求刺激，不如揣上 800 美元去拉斯维加斯吧。如果只是为了乐趣而坚持在投资中较量一盘，那么一定要谨慎。比如，把这部分逐乐账户的金额设定为总资产的 5%。余下的资产，不如交给靠谱的投资产品或可信任的专业人士，自己去玩一场真正的游戏吧。

买基金到底赚不赚钱

华尔街有一个段子被称为“猩猩定律”，即专业基金经理精选出的股票甚至难以超越猩猩，因为美国共同基金跑赢指数的比例不算太高，国内的一些网络论坛里也有人用这个“定律”嘲笑基金经理的投资水平可能还不如散户。那事实是否真的如此？买基金到底赚不赚钱呢？我们对市场上各类基金的整体业绩进行了一次客观的统计。

按照银河证券的分类，我们把基金产品分成七大类进行研究：股票型①、偏股混合型、灵活配置型、平衡混合型、偏债混合型、债券型和货币型。

七大类基金过去 12 年平均收益率测算

我们选择的时间区间为 2006 年 1 月 1 日到 2017 年 12 月 31 日，筛选出完整经历这一时间周期的基金产品，进而计算这些基金在这一时间区间的收益率，用每一类基金的算数平均值作为平均收益。结果看出，这 12 年上述七大类基金整体上都是赚钱的，而且都跑赢

---

① 这里的股票型基金只包含主动管理型基金，不包含指数型基金和指数增强型基金，下同。

了市场指数。过去 12 年各类基金平均收益水平见表 1.4。

表 1.4　过去 12 年各类基金平均收益水平

基金种类	包含产品个数	12 年总收益率平均值（%）	12 年年化收益率平均值（%）
股票型基金	1	415	14.6
偏股混合型基金	88	555	17.0
灵活配置型基金	2	532	16.6
平衡混合型基金	10	379	13.9
上证综指	—	185	9.1
偏债混合型基金	5	408	14.5
债券型基金	45	122	6.9
货币型基金	29	45	3.1
中证全债指数	—	57	3.8

注：计算方法是算术平均法。

资料来源：银河证券、万得资讯，2006 年 1 月 1 日至 2017 年 12 月 31 日。

其中股票型、偏股混合型、灵活配置型、平衡混合型基金，过去 12 年区间总收益率分别为 415%、555%、532%、379%，而在此周期内上证综指涨幅为 185%；偏债混合型和债券型基金过去 12 年总收益率分别为 408% 和 122%，而中证全债指数上涨了 57%。

看了数据，有些读者可能有这样的担心，你们计算的是不同基金收益率的平均值，也许是某些业绩特别优秀的基金把整体均值拉高了呢？

拒绝被平均，真正赚钱的有几只呢

笔者觉得此想法非常在理，所以我们换个维度，我们对七大类基金 12 年区间收益率的中位数进行了统计，结果见表 1.5，可以看到按中位数法计算的收益率略低于算术平均法的结果，但除了货币型基金外，各类主动管理型基金依旧可以跑赢指数。另外，我们还统计了七大类基金中赚钱基金的占比，其中衡量单只基金是否赚钱的标准，是看该基金在 2006 年 1 月 1 日至 2017 年 12 月 31 日的时间区间中收益率是否大于 0。结果显示，所有类别基金在这 12 年期间都获得正收益。

表 1.5　过去 12 年各类基金收益率中位水平

基金种类	包含产品个数	12 年总收益中位数（%）	12 年年化收益率中位数（%）	12 年获得正收益的基金占比（%）
股票型基金	1	415	14.6	100
偏股混合型基金	88	490	15.9	100
灵活配置型基金	2	532	14.4	100
平衡混合型基金	10	331	12.9	100
上证综指	—	185	9.1	—
偏债混合型基金	5	371	13.8	100
债券型基金	45	108	6.3	100
货币型基金	29	45	3.2	100
中证全债指数	—	57	3.8	—

注：计算方法是中位数法。

资料来源：银河证券、万得资讯，2006 年 1 月 1 日至 2017 年 12 月 31 日。

需要强调的是，虽然长期收益率大概率为正，但是各类基金在不同年份还是有亏有赚的，但无论是频率还是幅度上，赚钱的年份都要好于亏损的年份，长期持有大概率上是可以获得正回报的。但如果持有期很短，比如少于 1 年，那么一旦在错误的年份买入基金，就很有可能面临亏损了。各类基金单年度业绩如图 1.7 所示。

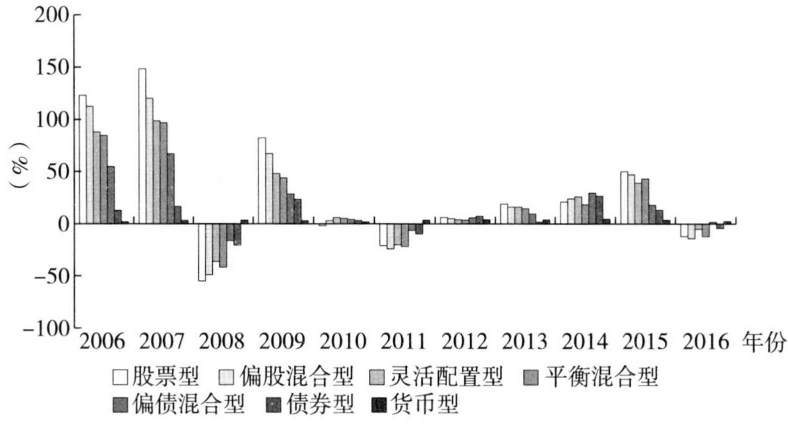

图 1.7 各类基金单年度业绩

注：各类基金的单年度业绩算法是筛选出全年内存续的所有基金，按照分类计算算数平均，平均值即该类的平均业绩。

资料来源：银河证券、万得资讯，2006 年 1 月 1 日至 2017 年 12 月 31 日。

80% + 产品成立以来获得正收益

如果不考虑时间周期，仅计算不同类基金成立以来的赚钱概率呢？即基金成立以来至 2018 年 4 月 30 日，累计收益率为正的概率，我们对此进行了统计，见表 1.6。考虑到基金成立时间过短会有建仓期等因素拉高业绩，不足为据，所以我们剔除了截至 2018 年 4 月 30 日成立不满 6 个月的基金。

表 1.6 各类基金成立以来赚钱概率

基金种类	产品个数	成立以来获得正收益的基金占比（%）
股票型基金	252	70
偏股混合型基金	600	89
灵活配置型基金	1 737	82
平衡混合型基金	36	89

续表

基金种类	产品个数	成立以来获得正收益的基金占比（%）
偏债混合型基金	215	90
债券型基金	1 683	94
货币型基金	656	100
总计	5 179	89

注：统计时剔除截至 2018 年 4 月 30 日成立不满 6 个月的基金。

资料来源：银河证券、万得资讯，每只基金成立以来至 2018 年 4 月 30 日。

结果显示，除了股票型基金外，其余 6 类基金中均有超过 80% 的产品自成立以来获得正收益，比如偏股混合型和平衡混合型基金的正收益概率都达到了 89%。由于这些基金成立于不同时期，因此我们可以认为历史上不同时点买入新发行的基金，持有至今赚钱的概率为 89%。

拓展阅读

散户能不能做得比专业投资者更好？

散户能不能做得比专业投资者更好？答案是肯定的，投资大师彼得·林奇[①]（Peter Lynch）经常提到业余投资者的优势以及“5 万名专业投资者可能都是错的”。但这并不意味着简单买入或卖出股票就能让你一夜暴富，也不说明某个小道消息或想当然的股票投资就会让你赚到盆满钵满。散户进阶成优秀投资者同样需要策略和

① 彼得·林奇：毕业于沃顿商学院，美国著名股票投资家和基金经理，曾任富达公司副主席。他管理麦哲伦基金的 13 年间，年复合收益率达 29%，著有《彼得·林奇的成功投资》《战胜华尔街》等书。

方法论。

惠理基金创始人谢海清就问过自己这个问题：“是否存在这样一个方法，即使是普通人或从大学直接招聘来的新手，经过锻炼也可以成长为优秀的价值投资者，至少在中国市场得到认可？”他得出的方法之一是，把投资的技能分解成七步：原创思想、调研、决策、交易、执行、维护、退出，进而使其投资团队像蚁群一样运作，“摆脱天才的投资机制，把价值投资过程工业化，把价值投资从手工精品转变成大规模生产的流程”。

既然投资不一定需要天赋异禀，那么什么才是最重要的因素呢？谢海清将其总结为“优势投资”——假设进行一项交易，你是买方，如果你认为卖方知道的比你还多，你就不应该购买；如果你是卖方，当你没有弄清楚为什么买方愿意从你这里购买时，你就不应该进行交易，这是一个简单的优势概念。在任何交易中，你必须总是相信自己相对于竞争对手有某种优势。而这种优势的建立则主要基于大量的研究工作。在国内市场，优势投资者的境遇更为幸运，因为专业投资者在市场中的比例并不高，如果在研究和学习其他公司方面下足功夫，就已经拥有了很强的竞争优势。

股市中有句名言：成功的投资者会用80%的时间学习研究，用20%的时间进行实际操作。相反，失败的投资者会用80%的时间实盘操作，而用20%的时间后悔。所以，在股市中要想成功，就应该多进行学习和研究，而并非在电脑屏幕前三五分钟即决定买卖。

从这个角度来看，没有时间和精力做研究的业余投资者是很难成为优势投资者的，对于他们来说，与其盲目杀入股市亏钱交学费，不如多下功夫参考各方信息，精心选择一个投资产品进行理财来得更为明智。

世界的第八大奇迹——复利：从1万美元到2.4亿美元

2018年2月，投资界的传奇人物沃伦·巴菲特发布了2017年度致投资者的一封信。根据信中披露的数据，其所管理的伯克希尔-哈撒韦公司（Berkshire-Hathaway）每股净资产已经从巴菲特接管时的19美元增长至21.175万美元，年复合增长率为19.1%。而如果看其股价表现的话，在巴菲特接管的过去53年，伯克希尔股票市值的平均年化收益率为20.9%。换句话说，假设在1964年花1万美元买入伯克希尔股票并持有到2017年，总资产将达到惊人的2.4亿美元！

也许你会想，这样的收益率，怎么就能达到2.4亿美元呢？1万美元每年约赚2 000美元，53年共计也就赚了10.6万美元，加上期初的1万美元，最后应该是11.6万美元，离2.4亿美元还差了十万八千里。

确实差了十万八千里，因为上述算法大错特错，其完全忽略了“复利”的存在！所谓复利，是指一笔资金除了本金产生利息之外，在下一个投资周期内，以前各计息周期产生的收益或者利息都会计算利息的计息方法。

连巴菲特本人，都曾说过他自己的财富“来自生活在美国、一些运气以及复利”，而他本人这50多年来为了让复利发挥作用，也坚持不分红，并且除了在20世纪60年代派息过一次后，就坚持不派息直至现在，使投资产生的价值重新投入伯克希尔的运作中，而现在的超高股价便是大家耳熟能详的“复利效应”的直接体现。

复利是如何使1万美元发生如此神奇变化的呢？这是因为，复利的计算要考虑前一期利息再生利息的问题，并计入本金重复计息，即“利生利”“利滚利”，这比单利计算得到的利息要多很多。表 1.7 呈现的是一张复利时间表，在不同利率水平下，本金增值速度差异随着时间的推移越来越大。1 万元的本金，假设每年增长 5%，到了第 50 年的时候，本金变成了 11.47 万元；如果假设每年增长 20%，到了第 20 年，本金已经达到 38.34 万元，到第 50 年的时候，本金规模增长到 9 100.44 万元，是 5% 年利率情况下的将近 800 倍。

表 1.7　不同的利率水平下，本金 1 万元的增值

年利率	5%	10%	15%	20%
期初	1.00	1.00	1.00	1.00
1 年	1.05	1.10	1.15	1.20
2 年	1.10	1.21	1.32	1.44
5 年	1.28	1.61	2.01	2.49
10 年	1.63	2.59	4.05	6.19
20 年	2.65	6.73	16.37	38.34
30 年	4.32	17.45	66.21	237.38
40 年	7.04	45.26	267.86	1 469.77
50 年	11.47	117.39	1 083.66	9 100.44

巴菲特曾说过，“复利有点儿像从山上滚雪球，最开始时雪球很小，但是当往下滚的时间足够长，而且雪球滚得适当紧，最后雪球会很大很大”。巴菲特在投资的这条山坡上，利用复利滚了 50 多年雪球，这样的投资智慧与坚持，值得投资者学习。

复利三大要点：本金、增长率和时间

我们进一步深入分析，本金、增长率和时间，哪个指标对复利更重要呢？从表 1.8 的计算来看，以本金 10 000 元、年化增长率 30%、时间 30 年为基准假设，分别将 3 个指标减半来比较终值，可以明显看到，本金减半使终值剩下 50%，年化增长率减半使得终值下降了高达 97%，时间减半更是使终值只有基准的 2%。由此可见，对于复利来说，这 3 个指标的重要程度依次为：时间、增长率及本金。复利效果示意图如图 1.8 所示。

表 1.8　不同要素变化时复利测算表

类别	本金（元）	年化增长率	时间（年）	终值（元）	与基准终值相比
基准	10 000	30%	30	26 199 956	1.00
本金减半	5 000	30%	30	13 099 978	0.50
增长率减半	10 000	15%	30	662 118	0.03
时间减半	10 000	30%	15	511 859	0.02

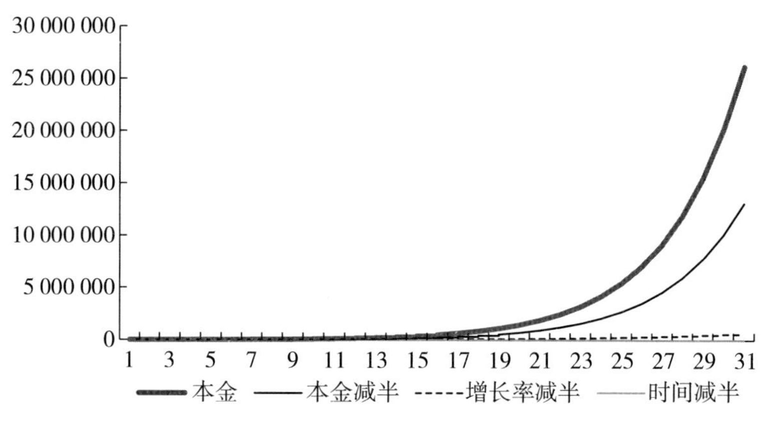

图 1.8　复利效果示意图

时间对于复利到底有多重要呢？我们再用一个测试来看，见表 1.9，假设年化增长率为 30%，小明现在开始每年投资 1 万元，20 年后可以有 190 万元的本金加收益；但如果小明晚 5 年开始投资，他每年需要投资高达 3.7 万元，才可以在未来相同时点下，拿回 190 万元的本金加收益；相同条件及目标下，如果晚 10 年，他每年需要投资 13.7 万元。这个结果凸显了“时间就是金钱”的概念，如果晚一点儿开始投资，后面必须用几倍的精力才能达到原先的效果。

表 1.9　复利结果情景测试

复利测试（假设年化增长率为 30%）			
类别	**起头时点**	**每年投资**	**20 年后终值**
基准	现在开始	10 000	1 900 496
情景 1	5 年后	37 129	1 900 481
情景 2	10 年后	137 859	1 900 503

“七二法则”——本金翻倍的秘密

为了更直观地理解复利，财务上的“七二法则”用以方便计算复利的效果。所谓“七二法则”，就是一笔投资通过复利，增值 1 倍所需的时间为 72 除以该投资年化收益率所得的商。举个例子，假设投资 100 万元想要变成 200 万元，在年化收益率为 10% 的情况下，大概需要 7.2 年，即 72 除以 10；而年化收益率为 5% 的情况下，大概需要 14.4 年。

从数学上来看，增值 1 倍的实际数值需要更准确地计算，牵涉比较复杂的公式，69.3 其实是更接近正确结果的值。之所以选用 72，是因为它有较多因数，容易被整除，更方便计算。对于一般增长率，由 5% 至 10% 来说精准度还是够的；但对于较高的收益率，准确度会降低。对于低收益率或复利频率较高的情况，69.3 会提供较准确的结果。“七二法则”测算结果见表 1.10。

表 1.10 “七二法则”测算结果

年化收益率、增长率	七二法则下本金翻倍所需时间（年）
5%	14.40
6%	12.00
7%	10.29
8%	9.00
9%	8.00
10%	7.20

认识风险：人有多大胆，地有多大“坎”

“高风险高收益”这句话已经深入人心，也给投资者造成了一种认知误区：只要承担了高风险就一定能获得高收益。可是，如果高风险能够带来确定性的高收益，那么它就不是真正的高风险了。

投资风险是什么？是投资结果的不确定性，是在大赚和大亏之间的可能性分布。也就是说，如果一项投资风险很高，那未来结果兑现的时候，你或许可以得到更高的回报，或许将承担更大的本金损失，而且你只能接受最终的结果。为了吸引资金，高风险的项目确实需要提供获得更高收益的可能性，但绝不表示预期收益必须实现。

正如中国银行保险监督管理委员会主席曾表示的：“理财产品收益率超过6%就要打问号，超过8%就很危险，达到10%以上就要准备损失全部本金。”这告诫投资者要正确认知投资收益的合理性，不能高估无风险收益水平，或者太过期待“低风险高收益”

的投资机会。其实不合规的 P2P（互联网金融点对点借贷平台）产品，就是利用了人们对合理收益率的错误认知，它们向投资者提供 10% 甚至更高的预期收益率，投资者往往被表面的保证和承诺迷惑，没有深入思考收益的合理性，直到 P2P 平台接二连三地“跑路”才意识到“原来风险这么大”。

谁不想获得确定性的高收益呢？但是在一个健康的金融市场中，只有大型银行的存款最接近无风险，而存款利率往往非常低，甚至不能跑赢通胀；一般来说，超过无风险利率的收益都是有风险的。

笔者认为，在开始投资之前，一定要正确认知不同的预期收益率背后所对应的风险，给自己打好预防针，选择适合自己风险承受能力的预期收益，放平心态，不可贪心，也不可抱着侥幸心理。

收益率水平与每个国家的经济发展阶段有关，高速发展经济体的收益率水平会高于成熟经济体。在当前的中国市场，低风险的国债收益率不超过 4%，5% 左右的理财产品已经属于中等风险，如果预期收益率达到 10%，那投资者就要做好损失本金的准备了。

另外，说到 A 股，很多投资者对股市有过高的期待，比如认为年涨幅低于 20% 都不能叫牛市。当然，这主要与过去 A 股的高波动性有关，牛市到来的时候年涨幅可以达到 40% 以上，“养肥”了投资者的“胃口”。但观察相对成熟的美股市场发现，9% 以上的年涨幅就算是“小牛市”了，而在 A 股逐渐成熟化的过程中，其收益和风险水平都会趋于理性化，投资者不该抱有太高的收益预期，要合理地看待股票投资。

延伸阅读

查理·芒格为什么是“可恶的说不大师”？

巴菲特的“双胞胎搭档”、伯克希尔的灵魂人物查理·芒格[①]（Charlie Munger）以其渊博的学识和深邃的投资思想闻名于世，不过他的另外一个“称号”也非常有名，叫“可恶的说不大师”。很多人以为这只是巴菲特对芒格的戏称，但实际上，这个生动的称号正透露出了芒格的投资哲学。

在查理·芒格中文版传记《穷查理宝典》（*Poor Charlie's Almanack*）中收录了这样一个故事：在巴菲特和芒格刚刚认识的时候，他们还没有一起做生意，各自拥有一家合伙投资公司。巴菲特经常给芒格打电话说“我想做某件事”，并对这件事加以描绘，芒格会说：“天啊，你在开玩笑吗？有那种风险和这种风险。”他们会仔细考虑查理看到的这些风险。巴菲特通常会说“我想你是对的”，但他有时候也会说“查理，你说的我都听进去了，但是我还是想做这件事”。——直到这一刻，巴菲特才会知道芒格的真正想法，因为芒格有时会说：“沃伦，如果你要做这件事情，我能不能参股？”

虽然巴菲特经常拿“说不大师”的故事开玩笑，但实际上这也正是巴菲特欣赏芒格的重要原因——只有懂得识别风险和说“不”，才能更好地识别那些可以参股的时机。

显然，逆向思维在芒格的投资哲学颇具代表性，这位博学、幽默、正直、精力充沛且充满真知灼见的投资大师声称自己“一直都在期待麻烦的到来，准备好麻烦来临时如何对付它”。他时常引

---

① 查理·芒格：美国投资家，股神沃伦·巴菲特的黄金搭档，伯克希尔-哈撒韦公司的副主席。

用伟大的数学家雅各比（Jacobi）的一句话："反过来想，总是反过来想。"这种思维方式使芒格持续不断收集并研究各种各样的人物、各行各业的企业以及政府管治和学术研究等各领域的失败案例，并把失败的原因总结成做出正确决策的检查清单，从而让他在人生、事业的决策上几乎不犯重大错误。

而这一关注风险的逆向思维方式同样给投资者诸多启示——正如喜马拉雅资本主席李路在《穷查理宝典》的中文版序言中所指出的：许多人致力于研究企业如何做大做强，芒格首先研究企业是如何衰败的；大部分人更关心股市投资的成功，而芒格最关心的却是为什么股市投资大部分人都失败了；如一句谚语中所蕴藏的哲理："我只想知道我将来会死在什么地方，这样我就永远不去那儿了。""可恶的说不大师"芒格身体力行的投资哲学正在于：在风险和收益的平衡木上，规避风险的深渊更有助于在投资的路上走得更远。

开始投资：现在或者永不

你身边有这样的朋友吗？懂得许多理财的道理，但是依然没有开始投资。

笔者认识一个朋友，手持 AFP 和 CFP 证书，[①] 日常工作和理财投资相关度极高，也认同理财投资的价值。然而问起来，这 10 余年竟然尚未做过一笔个人投资。

这是为什么呢？笔者好奇地问了半天，大概知道了缘由。确实，投资的不确定性容易让人畏步不前，关键还是在于做足功课后

① AFP 是金融理财师，CFP 是国际金融理财师。

迈出的第一步。理财需要行动，哪怕只是一个很小的开始。

刚起步的时候，可以选简单的“入门款”投资品种：现金理财类货币型基金。以50万元资金为例，如果投货币型基金，不仅随时可以方便地拿回现金，而且收益也较为可观——以2018年1月全市场货币型基金区间每日万份单位收益均值1.15元计算，[①] 50万元每日收益达58元，基本可以满足家庭日常买菜花费。

当然，对于有些风险承受能力更强、希望获取更高收益的投资者而言，50万元资金作为买菜基金的“聚宝盆”还是有点儿大材小用了，货币型基金更多是用于现金管理，而不适用于中长期投资。这个时候我们就需要“升级版”的投资规划：根据实际需求构建投资组合。俗话说得好，不要把鸡蛋放在同一个篮子里，那如何根据自身的实际情况在不同的基金产品之间构建投资组合呢？

第一步，评估风险承受能力。

评估个人风险承受能力的具体方法，我们会在接下来的一章详细阐述。在投资市场上，你所期望的收益往往是所承受风险的对价。所以投资者在想自己能赚多少钱之前，先要考虑自己能承受多大的风险。

第二步，根据自己实际情况制定投资目标。

由于年龄、生活、工作的影响，每个人的资金流动性、个人风险偏好和理财目标都会不同，了解自己的生活计划才能做出保守型、稳健型、平衡型甚至更积极的投资规划。

第三步，根据投资类型构建不同比例的投资组合。

“不要把鸡蛋放在同一个篮子里”，我们建议以不同的投资目标构建投资组合，将资金以不同的比例分别投入不同类型的产

① 资料来源：万得资讯，数据截至2017年12月31日。

品中。

第四步，寻求优质的基金产品构建投资组合。

构建投资组合的最后一步是选择具体的基金产品，我们将在第二和第三章中详细阐述如何选择基金产品。

我们先介绍一下购买基金的渠道和流程，正如我们所强调的，真的很简单。

直销：投资者可以直接在基金公司官网/手机 App 上进行购买，也可以前往基金公司柜台线下购买。优点是费率相对优惠，缺点是只能购买该公司发行的产品。

银行渠道：银行是比较传统的基金代销渠道。由于代销的基金数量有限，所以各家银行代销的基金产品是存在差异的。另外，银行旗下如果成立了基金子公司，该银行就会更多为子公司的产品提供代销服务。比如工商银行与工银瑞信、兴业银行与兴业基金、中国银行与中银基金、交通银行与交银施罗德等。目前市场上比较大的基金代销银行有：工商银行、农业银行、中国银行、建设银行、交通银行、招商银行、中信银行、兴业银行、光大银行、平安银行、浦发银行等。投资者通过银行购买基金，只需要办理银行卡，然后携带银行卡前往银行柜台线下购买，或者在银行官网/App 线上购买，后者更为便捷，且手续办理不受工作时间限制。

证券公司渠道：证券公司也是传统的基金代销渠道。投资者需要先在该证券公司开立股票/基金账户以及资金账户，随后就可以在证券公司柜台线下购买基金，或在证券公司官网/App 线上购买。这里需要注意区分的是，场外申购基金要到专门的“基金”栏目下购买，“股票”栏目下一般也有“基金”可买，但都是场内基金，是在二级市场交易。同样，各证券公司提供的基金产品是存在差异的，如果证券公司旗下成立了基金子公司，该证券公司就会更多为子公司的产品提供代销服务。目前市场上比较大的基金代销证券公司有：华泰证券、海通证券、中信证券、东方证券、银河证券、兴业证券、中泰证券等。

期货公司渠道：部分期货公司也代销基金产品，但不是很常见。同样，投资者需要先在期货公司开立期货账户，随后可以在期货公司柜台线下购买其代销的基金产品，或通过期货公司官网/App线上购买。目前市场上比较大的基金代销期货公司有：中信期货、中信建投期货、兴证期货等。

第三方销售机构：这类机构不属于传统的金融机构，是代销基金的新兴势力，主要包括一些互联网消费平台和互联网金融企业，比如蚂蚁财富、理财通、天天基金、陆金所、爱基金等。因为这些平台的用户流量较大，因此成为越来越多基金公司选择的代销渠道。但投资者在选择平台时需要更加谨慎，注意平台是否拿到基金代销牌照，谨防被违规经营的平台侵害权利。

拓展阅读

那些“雇用”巴菲特的投资者怎么样了？

毫无疑问，伯克希尔的每一位长期股东都是幸运儿，他们只是在正确的时刻做了一笔正确的投资，就可以在巴菲特半个多世纪孜孜不倦的努力下享受财富增长的喜悦，其中不乏亿万富翁。人们不禁羡慕且好奇地问：这些幸运儿将怎样享受这些巨额财富？

在“成为亿万富翁后如何生活”方面，巴菲特做了一些示范，早在2006年，巴菲特已承诺将陆续捐出99%的财产用于公益事业，这也成为美国历史上数额最大的一笔善款；而其本人的常住之地——1958年以31 500美元买下的一所老房子早已成为投资者前往奥马哈的必游之地。

巴菲特的老友及搭档，92 岁高龄的查理·芒格，毫无疑问站在他这一边。“我又不是神仙，我即将去的地方不会需要钱。”芒格如是说。2000 年，他还持有 15 911 股的伯克希尔股份，随后持续不断地捐款，这其中包括向加州大学圣塔芭芭拉分校（UCSB）捐赠 2 亿美元用于建设高水平的学生公寓、给密歇根大学捐赠 1.1 亿美元用于建设一个学院住宅社区等，如今其在万得资讯（Wind）上可查的持仓已降至 4 900 股，市价约 10.6 亿美元。

令人感动的是，有些伯克希尔的股东同样跟随了巴菲特和芒格的脚步。《华尔街日报》2015 年 10 月的一篇报道采访了一些巴菲特的投资者。作为巴菲特 20 世纪 60 年代的合伙公司的第一位雇员，斯科特（Scott）先生在伯克希尔公司度过了他的整个职业生涯，这也为他积累了巨额个人财富。“实际上，我们打算把钱都捐出去。”斯科特夫妇在写给巴菲特的信中说，“就像我们农场一位叫露丝的姑娘说的，‘钱堆’就好比‘粪堆’，如果不播撒出去，两者都是一文不值的！”

奥马哈社区基金会，一家非营利机构的总经理萨拉·博伊德则称，伯克希尔的股东们倾向于将他们膨胀的财富视为一个“快乐事故”，值得额外感恩，也因而更愿意捐赠。尽管在她的基金会捐赠者中，伯克希尔股东们只占 5%，但金额却占到 20%，超过 3 亿美元。事实上，伯克希尔早期股东们主要是内布拉斯加人，因而巴菲特的故乡成为伯克希尔相关慈善事业最大的受益方。巴菲特曾说过，很难统计被捐出的伯克希尔股票总额，不过奥马哈的股东们已经成为当地社区的重要支持者，为内布拉斯加当地的学校、医院及其他公共机构的捐赠总额已经超过 10 亿美元。

更早期的报道，1998 年 8 月 16 日《奥马哈世界先驱报》（Omaha World-Herald）中，作者吉姆这样描述这些巴菲特的早期投资者："至少在奥马哈，巴菲特合伙人中的大多数仍居住在相对普通的房子里，开着普通的汽车，在他们身上几乎没有任何超级富人的外在迹象。"

慷慨的捐赠来自感恩的心。在自己的捐赠宣言中，巴菲特从未将成功完全归功于个人能力。他幽默地表示，他赢得了"卵巢彩票"，才能幸运地作为白人男性出生在20世纪30年代的美国。他认为社会才是个人财富积累真正的幕后功臣，取之于社会，也必须要回报于社会。

亚马逊创始人杰夫·贝佐斯①（Jeff Bezos）曾说过："聪明是天赋，而善意却是一种选择，选择比天赋更重要，是选择塑造了我们的人生。"世人尊称巴菲特为"奥马哈的神谕"，不仅因为其是一个赚钱的天才，还因为他选择以自己的方式惠及他人，并感召更多他的追随者加入这一行列。笔者认为，正因巴菲特以其传奇人生所展现的财富观，每年一度的奥马哈股东大会才真的多了一点儿"朝圣"的意味。

---

① 杰夫·贝佐斯：创办了全球最大的网上书店亚马逊，1999年当选《时代周刊》年度人物。2013年8月，贝佐斯以个人名义花费2.5亿美元收购《华盛顿邮报》，荣登福布斯2018富豪榜首位。

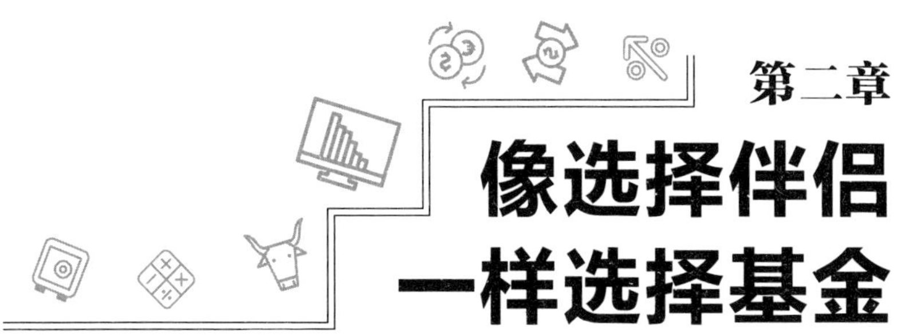

第二章

像选择伴侣一样选择基金

“买基金了吗?”

“买了。”

“买的什么?”

“不记得了。我听人说的/网上看到的/随便买的……”

友情提示：以上操作实属大误。现在信息这么发达的时代，我们买件衣服都会在淘宝上货比三家，为什么对于理财投资这种应该慎重的决策反而马虎呢?

很多人以为投资最重要的是选择买入和卖出的时点，比如在价格最低时买入，在价格最高时卖出，做一个完美的“波段”。但从更长周期来看，选择哪只基金其实才是获得良好回报的关键。

选择哪只基金，是基金投资的第一步

根据万得资讯数据，从 2007 年 10 月 16 日到 2017 年 12 月 31 日，共有 167 只偏股型基金经历了 A 股市场两轮牛熊切换。那它们的业绩如何呢？平均收益率是 20.44%，其中表现最好的收益率是 201.52%，表现最差的是 -57.2%，差距特别大。

小贴士

什么是偏股型基金？

偏股型基金是指同时投资股票、债券、货币等，且以股票为主要投资方向的大类基金。偏股型基金还可以进一步划分：（1）基金合同中规定股票投资下限为60%的，为偏股型基金（股票下限为60%）；（2）基金合同没有规定60%的股票投资下限，但业绩比较基准中股票比例大于、等于60%的，为普通偏股型基金（基准股票比例为60%～100%）。

对了，偏股型基金的特色是主要投资股票市场，那股票市场的整体收益如何？2007年10月16日上证综指达到历史巅峰值，为6 124点，而到了2017年12月31日，上证指数为3 307点，整体下跌45.16%。

看似枯燥的数据至少告诉了我们两个事实：（1）基金的主动管理是有价值的。绝大部分偏股混合型基金跑赢了市场指数，创造了超额收益；（2）管理得好的基金与管理得差的基金，业绩回报的差距非常大。这巨大的收益差距，正是对基金产品精挑细选、勤做功课的必要性所在。

基金投资是一场长跑，你所选择的基金产品及其背后的投资研究团队就是你的财富搭档，因此，选择一个值得信赖且适合自己的投资产品，再怎么重视也不为过。

趣味阅读

投资与择偶的共通之处

曾经有一则逸闻趣事。某年轻漂亮的美国女孩在一个大型网站论坛金融板块上发了这样一个问题帖：我怎样才能嫁给一个有钱人？

该女孩对自己的外貌、谈吐和品味都非常自信，基于此，她旗帜鲜明地提出：希望嫁给年薪50万美元的人，并住进纽约中心公园以西的高档住宅区。此外，她也顺便提出了一些让她困惑的问题，如为什么有些富豪的妻子相貌平平，而单身酒吧里那些迷死人的美女却运气不佳等。

这一热门的帖子终于引起了华尔街一位金融家的注意——他的名字是罗波·坎贝尔（Rob Campbell），摩根大通银行（JP Morgan Chase）多种产业投资顾问。作为一名年薪超过50万美元的“金领”和投资专家，他不客气地对这位美女的处境做出了恰如其分的分析。

其一，抛开细枝末节，这位美国女孩所说的其实是一种“财”“貌”交易。但致命的是，美貌会逐年递减，而金钱却不会平白无故地减少，相反，可能还会逐年递增。

其二，对于一件会加速贬值的物品，明智的选择是租赁，而非购入。因而，有钱人只会和这位美女交往，却不会和她结婚。

其三，相对于碰到一个有钱的傻瓜，想办法把自己变成年薪50万的人胜算更大。

这一答复对于一些憧憬嫁入豪门的美女可谓打击不小，不过换一个角度来看，罗波·坎贝尔也给包括这位美国女孩在内的投资“门外汉”上了一堂生动的理财课。以基金投资为例，我们就可以在他深入浅出的分析中推导出3个重要原则。

其一，投资需要摒弃不切实际的幻想。与其苦苦寻找“嫁个有钱人”的捷径，倒不如投资自己使自己变成一个有钱人，适当的理财投资或许会加速这一进程。

其二，投资要有长远眼光。我们要对未来资产增值还是减值有预见性，长期投资基金，累计下来的复利是惊人的。

其三，不要“以偏概全”，无论是选择基金还是选择伴侣，我们都要把考察时间拉长，比如尽可能地参照长期的历史业绩及抗风险表现，并且结合个人的生命周期、收入水平以及知识水平，慎重做出选择。

认识自己：适合的投资能让你安心睡大觉

> 所有投资评估应该从测量风险开始，其中包括测算合适的安全边际，避免和道德品质有问题的人交易，坚持为预定的风险要求合适的补偿，永远记住通货膨胀和利率的风险，避免犯下大错和避免资本金持续亏损。
>
> ——查理·芒格

什么是投资风险？

不同投资者的回答可能大相径庭。要了解自己对风险的偏好，需要结合许多因素，比如地域文化、性别、年龄、教育背景，等等。两位财务学家曾经统计过 1991—1997 年 38 000 个散户的交易情况，他们把所有客户分为单身男性、单身女性、已婚男性和已婚女性 4 类账户，并统计了账户的年换手率，结果发现 4 类账户中，单身男性的换手率遥遥领先于其他人群，为 85%，比已婚男性高出 12%；而女性账户换手率远远低于男性，且单身和已婚并没有太大差别，分别为 51% 和 53%。此外，日常的现金流状况、家庭的财务压力、目前的就业状况、今后的家庭收入情况等都是重要的考量因素。

不仅如此，同样的客户在市场起伏的不同阶段，其风险偏好也差异很大。股市疯狂上涨的牛市，风险似乎意味着你比别人赚得少，人们争先恐后地杀入股市，唯恐错过一场财富的盛宴；股市跳水的熊市，风险却来自不知道股市下跌的终点在哪里，你在资产不断缩水中煎熬。

有些投资者的风险承受能力也随着行情震荡起伏，行情好时风险偏好，行情惨淡时风险厌恶。但失去的伤害与得到的快乐却并不等值，当真实的亏损发生时，相对于错过赚钱机会的酸楚，很多人会发现自己更怕亏钱。所以投资理论家彼得·伯恩斯坦①（Peter Bernstein）说："在不确定条件下做决定时，后果比可能性要重要得多。"

投资大师本杰明·格雷厄姆②（Benjamin Graham）在其经典名著《聪明的投资者》（*Intelligent Investor*）中也分析道："有些人正是因为股票市场的下跌而终止其投资。心理学家指出，大多数人都不善于预测自己将来遭遇令人沮丧之事会感觉如何。当股票每年上涨15%或20%时，不难想象你会认为你将与你的股票厮守终身。但是当你看到你的每一美元投资都缩水成了一美分时，你就很难抗拒将其变成'安全的'债券或现金的诱惑。因此，许多人并不是买进并持有股票，而是以贵买贱卖的痛心结果告终。可见，了解自己的风险承受能力，也是控制风险的第一步。"

投资前先了解自己的风险偏好

投资前先了解自己的风险偏好，比一般投资者想象的要重要得

---

① 彼得·伯恩斯坦（1919—2009）：美国著名金融史学家，彼得·伯恩斯坦公司的创始人及总裁，著有《繁荣的代价》《华尔街上的经济学家》《金融简史》等书。

② 本杰明·格雷厄姆（1894—1976）：证券分析师，享有"华尔街教父"的美誉，代表作品有《证券分析》《聪明的投资者》等，股神沃伦·巴菲特的老师。

多。金融市场中，未来的收益具有一定的不确定性，投资更存在亏损的可能性。我们需要充分了解自己的财务情况、金融市场的情况、日常生活需要的现金流，并认清为了更高的收益，你愿意接受多少亏损。

根据行为方式，大部分的投资者可以分为以下几类：投资型、储蓄型、消费型和负债型。

投资型：这类投资者通常有良好的财务情况，投资已经成为其生活中的重要部分，他们对投资类信息较为敏感，对市面上形形色色的投资品种相对熟悉。对于他们来说，投资已经变成一个不断精进的正循环。他们需要不断进行自我学习和经验值的累积，在变幻莫测的市场中使自己的投资组合更加优化。

储蓄型：这类投资者在中老年群体中很常见，通过观察他们的日常行为，我们发现他们大多有着很好的消费习惯：量入为出，克勤克俭，很少铺张浪费，尽量避免额外的支出，也不会跟从外面的流行趋势。反映到投资上，他们则相对保守，也许负债不多，但资金的主要存在形式是定存，因为不愿意承受太大的风险。我们常说开源节流，对于这个群体而言，节流从来不是问题，但是如果无法开源，那么资产在通胀环境下基本上不会保值、增值。这个群体中的许多人也许尚未踏出投资的第一步，而这第一步可以选择一些风险较小的品种开始尝试，比如债券型基金或货币型基金，从跑赢定存、闲钱管理开始，有了累积收益，尝到了投资的甜头，风险承受能力也会随之增加。

消费型（也称月光族）：这个群体中很多是参加工作不久的年轻人，或者对物质有着持续的高要求，大多不愿意舍弃当下的享受。崇尚消费是个人价值取向的体现，怎样消费取决于收入水平，负债消费肯定是不明智的。投资是对于闲钱的安排，如果无法预留出一定的现金流进行投资，但又想投资，那么需要改变自己的消费习惯，即减少盲目的、一次性的、冲动型的消费。仅这一项，你也许会发现一年下来已经能积累不少现金。对消费型群体而言，节流也许是比选择投资方式更为有用的理财方式。他们可以借用一些强制储蓄的方式，比如定投来克制自己的消费冲动，逼自己每个月留出一部分的现金进行投资，日积月累会逐渐改变“月光”的习惯。

负债型：这个群体中的典型是“房奴”。如果未来通胀环境很严峻，那么适度负债是抵御通胀的最好方法之一，毕竟你以相对低的利息借用了他人的资金。做了房奴还能不能投资？当然能。大多数的人会选择提前还贷，有数据表明，20 或 30 年的个贷，约 70% 都在 5 ~7 年的时间里提前还完了。那么有了闲置资金，在选择还贷还是投资之间，是有可以理财的空间的。如果你能找到一种明显高于贷款利息的投资产品，那选择投资是明智的，先还贷其实是没必要的。

当然，更为准确的风险评估是金融机构提供的风险测评问卷，这也是所有投资者购买基金产品前必须要做的评估。金融机构会综合考虑投资者的资产、专业度、收益预期、可承受损失等情况，按照风险承受能力，将投资者由低到高分为保守型、稳健型、平衡型、成长型、进取型 5 种类型，并以此为基础提供销售服务。

如同择偶一样，“适合自己”在某种意义上是投资的首要原则，虽然那些号称高回报的投资品种往往显得更有诱惑力，但别忘记其同时具有的高风险也可能让你夜不能寐。基于这一前提，“稳健投资，夜夜安枕”往往是投资者的最佳选择，尤其是一些较高风险的投资，比如投资偏股型基金，所使用的资金最好是闲钱。

小测试：兴全基金风险承受能力评估

我们为大家准备了一套风险承受能力测试题，根据大家的测试给予了从保守型至进取型5种分类结果，并推荐了合适的基金产品。

投资者风险承受能力调查问卷（个人版）

一、风险承受能力调查

1. 您的主要收入来源是：______

   A. 工资、劳务报酬

   B. 生产经营所得

   C. 利息、股息、转让费等金融性资产收入

   D. 出租、出售房地产等非金融性资产收入

   E. 无固定收入

2. 您的家庭可支配年收入为（折合人民币）：______

   A. 50万元及以下

   B. 50万元 < 收入 ≤ 100万元

   C. 100万元 < 收入 ≤ 500万元

   D. 500万元 < 收入 ≤ 1 000万元

   E. 1 000万元以上

3. 在您每年的家庭可支配收入中，可用于金融投资（储蓄、存款除外）的比例为：______

   A. ≤10%

   B. 10% < 比例 ≤ 25%

   C. 25% < 比例 ≤ 50%

   D. >50%

4. 您是否有尚未清偿的数额较大的债务，如有，其情况是以

下 A ~ H 中的哪一种？ ______

【1】没有

【2】有，住房抵押贷款等长期定额债务

【3】有，信用卡欠款、消费信贷等短期信用债务

【4】有，亲戚朋友借款

A.【1】

B.【2】

C.【3】

D.【4】

E.【2】【3】

F.【2】【4】

G.【3】【4】

H.【2】【3】【4】

5. 您的投资知识可描述为： ______

A. 有限：基本没有金融产品方面的知识

B. 一般：具有金融产品及其相关风险方面基本的知识

C. 丰富：具有金融产品及其相关风险方面丰富的知识

6. 您的投资经验可描述为： ______

A. 除银行储蓄外，基本没有其他投资经验

B. 购买过债券、保险等理财产品

C. 参与过股票、基金等产品的交易

D. 参与过权证、期货、期权等产品的交易

7. 您有多少年投资基金、股票、信托、私募证券或金融衍生品等风险投资品的经验？ ______

A. 没有经验

B. ≤2 年

C. 2 < 经验≤5 年

D. 5 < 经验≤10 年

E. 10 年以上

8. 您计划的投资期限是多久？ ______

A. ≤1 年

B. 1 < 期限≤3 年

C. 3 < 期限≤5 年

D. >5 年

9. 您打算重点投资哪些种类的品种？ ______

A. 债券、货币型基金、债券型基金等固定收益类投资品种

B. 股票、混合型基金、股票型基金等权益类投资品种

C. 期货、期权等金融衍生品

D. 其他产品或者服务

10. 以下哪项描述最符合您的投资态度？ ______

A. 厌恶风险，不愿意承担任何本金损失

B. 保守投资，愿意承担一定幅度的收益波动和较小比例的本金损失

C. 寻求资金的较高收益和成长性，愿意为此承担有限本金损失

D. 希望赚取高回报，愿意为此承担较大本金损失

11. 假设有两种投资：投资 A，预期获得 10% 的收益，可能承担的损失非常小；投资 B，预期获得 30% 的收益，但可能承担较大亏损。您会怎么支配您的投资？ ______

A. 全部投资收益较小且风险较小的 A

B. 同时投资 A 和 B，但大部分资金投资收益较小且风险较小的 A

C. 同时投资 A 和 B，但大部分资金投资收益较大且风险较大的 B

D. 全部投资收益较大且风险较大的 B

12. 您认为自己能承受的最大投资损失是多少？______

A. ≤10%

B. 10% <损失≤30%

C. 30% <损失≤50%

D. >50%

附加题：再次确认，基金投资有风险，您是否能够承受本金亏损？（此题目只对问卷结果被评定为 C1 保守型客户有效）

A. 可以承受

B. 不能承受

二、分值设置及风险承受能力等级标准

说明：本问卷旨在评估个人投资者的风险承受能力，问卷共由 12 道选择题组成，满分为 100 分。请您根据您的实际情况如实填写，我们将根据您的得分情况以及“得分越高代表风险承受能力越强”的原则，评估出您的风险偏好类型。我们提醒您在选择基金/资产管理计划前，充分了解基金/资产管理计划的风险特征和自身的风险承受能力，审慎选择与您的风险承受能力相匹配的基金/资产管理计划。

特别提醒关于风险承受能力最低类别投资者的认定：以上风险承受能力调查中，第 10 题选择 A 或者问卷得分在 0 ~ 30 分之间被认定为 C1 风险等级投资者。针对 C1 风险等级投资者，我们增设附加题一道，再次确认最低风险承受能力投资者。最低风险承受能力投资者不得购买高于其风险承受能力的基金或资产管理计划。

分值设置、风险偏好类型与基金/资产管理计划风险等级的匹配关系见表2.1和表2.2。

表2.1　分值设置

顺序	1	2	3	4	5	6	7	8	9	10	11	12
A	6	3	2	8	2	0	1	3	2	0	2	2
B	4	5	5	6	5	4	3	5	6	3	4	4
C	2	6	6	4	9	7	5	7	8	7	6	7
D	2	7	8	2	—	10	7	8	8	10	8	9
E	0	8	—	4	—	—	8	—	—	—	—	—
F	—	—	—	2	—	—	—	—	—	—	—	—
G	—	—	—	2	—	—	—	—	—	—	—	—
H	—	—	—	2	—	—	—	—	—	—	—	—

表2.2　风险偏好类型与基金/资产管理计划风险等级的匹配关系

得分情况	0～30	31～43	44～64	65～83	84～100
风险偏好类型	风险承受能力由低到高				
	C1（保守型）低风险、流动性要求高	C2（稳健型）中等风险，流动性诉求一般	C3（平衡型）较高风险、长期投资	C4（成长型）高风险	C5（进取型）超高风险
R5 大宗商品基金	×	×	×	×	√
R4	×	×	×	√	√
R3 股票、混合、可转债基金	×	×	√	√	√
R2 普通债券型基金	×	√	√	√	√
R1 货币市场基金等	√	√	√	√	√

拓展阅读

投资的本质其实是承担风险

在投资过程中，“风险”其实是中性词，它的定义是“收益的不确定性”，这种“不确定性”是双向的，面临亏损的同时也有获得更高收益的机会。投资，本质上是在收益和风险之间“走平衡木”。

经济学理论对投资风险和投资收益做了明确的关系界定。根据书中的观点，风险是有对价的，资产的预期收益率 = 无风险收益率 + 风险溢价率。通常而言，资产风险越高，溢价率越高，预期收益率就越高。所以如果你不想承担风险，那就只能获得较低的收益率；如果你想获得更高的收益，就要大概率承担更大的风险，投资的高回报与安全性是此消彼长、很难兼得的。

我们梳理过去30年间中国人的“暴富”机会，至少有10次：20世纪90年代初的股票认购证、20世纪90年代中期的期货、2000年的互联网浪潮、2003年开始疯狂的房地产、2005年吹起的电商风、2006年的大牛市、2008年的债市、2009年的黄金市场、2013年的互联网金融、2016年爆发的比特币（Bitcoin）……看完之后，你是不是觉得自己错过了好几个亿？其实，我们应该反省一下，为什么总是抓不住“暴富”机会呢？当然部分原因是受到能力和眼界的限制，但还有一个共性问题：对市场风险的恐惧。对待风险的态度不同，导致了财富分配结果大相径庭。我们看中国过去20年，通过科学的资产配置承担风险的人，最终获得的财富远远超过不愿意承担风险的人。其实古人早就意识到了这个道理，所谓“富贵险中求”，说的就是这个事。

巴菲特说过：盈亏同源。他的长期投资其实是在赌国运、赌美国的经济走势，而从一个足够长的时间段看，承担风险才是收益来源。当然，这里不是鼓励大家去过度冒险，比如加杠杆投资股票、投资期货等，因为风险和收益并非简单的线性关系，有时候你可能承担了非常高的风险，却只能获得一般的潜在收益，那样的投资是不具备性价比的。我们需要做这样的投资：在同样风险水平下，能够获得最大的预期收益。

既然风险是决定收益水平的关键因素之一，那我们就不应该把不同风险等级的产品做直接的比较，因为收益高有可能是承担了更大的风险，所以投资者应该关注风险调整后的收益。通常被用到的指标是夏普比率（Sharpe Ratio），即单位风险超额收益 =（预期收益率 - 无风险利率）/风险水平，夏普比率越高的投资，性价比越高。

正确的投资姿势，不是一味躲避风险，也不是简单粗暴地去冒险，而是针对自己的风险承受能力，寻找适合该风险等级的性价比最高的投资品种。

⊕ 拓展阅读

活得久才是司马懿成功的关键

曹操对司马懿说：“我是君，你是臣！”曹操死了，曹丕子承父业称帝，跟司马懿说：“我们是兄弟，但是记住我是君，你是臣！”曹丕死了，曹叡继位，曹叡还是跟司马懿说：“我是君，你是臣，你该跪我！”曹叡死了，司马懿还活着！

因为司马懿的“狼顾之相”，让曹家三代都时刻担心着他不甘为人臣的叛逆之思。然而乱世之英才不可多得，更可怕的是曹家三代人都驾鹤西去之时，司马懿还顽强地活着。于是才有了后来的司马家代魏立晋。

不要小看司马懿活得久，这一点实属不易！杨修之才并不在司马懿之下，却最终被曹操斩杀。古语云“伴君如伴虎”，稍有不慎就会惹来杀身之祸。司马懿最成功的地方无疑就是巧妙地周旋于那个大时代的官场，努力地活了下来，让“数代老臣”的资源优势最终变现。

在投资界其实同样如此。曾经有人问巴菲特最希望被人们记住的特质是什么，巴菲特微微一笑，回答说“长寿”，不得不说这个答案“很倾城”！观察我们身边很多投资者就会发现，一年赚一倍甚至两倍的人不在少数，但是如果将时间周期拉长，这些高手中依旧有很多人以亏钱的结果离场。

巴顿·比格斯（Barton Biggs）在《对冲基金风云录》（*Hedge Hogging*）中说，只要“活过”3年的对冲基金基本上规模都不小，收益也不错，但是问题是每年有1/3的对冲基金在第一年就被“消灭”了。换句话说，它们就是活得太短了！国内基金行业的年度冠军几乎一直都是“岁岁年年花相似，年年岁岁人不同”。而很多长期表现优异的基金产品却稳稳地保持每年增长，时间段拉长，能取得惊人的超额收益。

资本市场多数情况下不是按照固定增长率“线性上升”的，即使是在那种令人振奋的牛市行情中同样如此，更何况还有让我们难以忍受的熊市，且震荡市穿梭其中。要想在这样的市场里长期实现赢利，最重要的一点就是找到一种适合自己的投资方式，严格控制风险，长久地“活”下去，用时间来实现价值。

在全世界范围内备受推崇的价值投资理念有一个很重要的要素就是找到真正具有投资价值的标的，等待时间的“玫瑰绽放”。价值的显现通常是一个长期的过程。换句话说，在一个长期的市场环境里，赚取投资标的公司的成长收益可能比赚取市场博弈的收益要慢得多，但是更为稳健。巴菲特说：“人生就像滚雪球，重要的是找到很湿的雪和很长的坡。”很湿的雪固然重要，但是更重要的是很长的坡。长久下来，我们会发现雪球越滚越大，而那些一直在挑很湿的雪的人，很可能已经因为几次甚至一次没有挑到湿雪而被市场淘汰。

想起有名的“杜鹃不鸣当如何”的故事中织田信长说“杜鹃不鸣则杀之”，丰臣秀吉说“杜鹃不鸣逗其鸣”，而德川家康的答案是“杜鹃不鸣待其鸣”。好一个“待其鸣”！只要这只杜鹃不是哑巴，多点儿等待，多点儿耐心，时间终会让我们听到那悦耳的鸣声。

了解基金：家族那么大，总有一款适合你

自从 1998 年国内第一只公募基金出现，2018 年全市场已超过 5 000 只基金。数量之多，远超 A 股市场的股票数量。

同样，以银河证券的分类来看，这 5 000 多只基金分为七大类 102 小类。基金家族庞大，分类复杂。那么问题来了，到底什么是基金呢？各种类型的基金之间又有什么区别呢？

什么是基金：从一个故事说起

基金究竟是什么？如果看基金的完整定义，大家可能有一种“每个字都认识，但连起来不知道在说什么”的感觉，为了用通俗易懂的方式，帮助大家快速理解这种神秘的投资品，笔者决定先做假设。

假设你手里有一笔钱，想投资股票获得增值，但又不想花时间

和精力做研究，而且也缺乏专业的投资能力。正好，另外几个朋友的想法跟你不谋而合，于是，你们就决定一起出资，雇用一个投资高手来帮大家投资股票，你们需要定期向投资高手支付劳动报酬，扣除这笔费用之外的投资收益就由出资人享有，盈亏自负。当然，出资人选择投资高手之前肯定需要进行充分的市场调查，相信对方有十足的实力再决定出资。而且，投资本身就是有风险的事，即使是投资高手，也不能完全排除亏损的可能。

将上述合作模式放大 1 000 倍甚至更大，就变成了“基金”。

基金实际运作时，需要许多其他角色，比如负责投资标题研究的研究人员，严格防范风险的风控监察稽核人员，负责 IT（信息技术）和后台管理的运作保障人员，负责客户销售及服务的市场人员，等等。这些人员汇总在一起，就成为基金管理公司。为了保证出资人资产的安全性，中国证监会规定，资产必须由第三方负责保管，这就是“基金托管”。当然，负责托管的机构每年也可以从资产中收取一定的费用。

听完上面的介绍，是不是对基金有一定的理解了呢？

拓展阅读

世界上最年长的基金

回顾基金行业的历史，其诞生也来自人们对专业化投资服务的需求。第一次世界大战后，美国晋升为全球第一大经济强国，对专业化财富管理的需求日益增长。1924 年，第一只现代意义上的开放式基金——马萨诸塞州投资信托基金（Massachusetts Investors Trust，简称 MIT）在美国成立。1929 年的股市崩盘和之后的经济大萧条使美国基金业遭受重创，但此后法律的完善和投资者保护措施的规范让美国基金业又重整旗鼓，迎来了健康、持续的发展。

我们发现易趣（eBay）上有卖家销售马萨诸塞州投资信托基金1949年发行的凭证，只要19美元。

1924年3月21日，哈佛大学200名教授出资5万元在波士顿设立了一只信托，因为在马萨诸塞州，所以取名为马萨诸塞州投资信托基金。这只基金4个月后开始公开募集，投资者可以按基金净资产随时购买和赎回基金份额。在第一年的时间里，MIT吸引了200名投资者，募集了32 000份单位信托，总计价值39.2万美元。MIT经历了基金由封闭式向开放式的过渡期，并成为基金史上第一只开放式基金。

神奇的是，90多年后，这只基金依然还在运作，成为目前最年长的开放式基金。晨星数据显示，尽管MIT截至2018年6月年化平均收益率仅为9.20%，但在90多年的时间累积中总回报近4 000倍！当时200位大学老师的5万美元如果尚未赎回，如今已经超过1.9亿美元！

小贴士

如何区分“开放式基金”和“封闭式基金”?

开放式基金：投资者可以随时申购和赎回基金份额，基金总份额不固定，会随着投资者的申购和赎回而发生变动。开放式基金按照基金净值进行申购和赎回。

封闭式基金：基金成立后开始封闭，在一定时期内不再接受新的份额投资，持有人也不可赎回基金份额。不过，部分封闭式基金的基金份额会在交易所上市交易，投资者如果需要买卖，只能像买卖股票一样在二级市场交易。

七大类基金各显神通

一般来说，公募基金可投资于以下几种基础资产：股票、债券、大宗商品、货币市场工具、海外市场，另外还可以投资于其他基金。按照投资对象的不同，其可以划分为七大类：股票型基金、债券型基金、混合型基金、货币型基金、商品类基金、合格的境内机构投资者（QDII）基金、基金中的基金（FOF）。①

股票型基金：主要购买股票的基金，投资股票的比例不低于80%。

债券型基金：主要购买债券的基金，投资债券的比例不低于80%。在国内，债券型基金的投资对象主要是国债、金融债、企业债、公司债、可转债等。

混合型基金：同时购买股票和债券的基金，投资比例较灵活（如果把股票型基金看作肉包、债券型基金看作素包，混合型基金就是什锦包）。

货币型基金：主要投资1年以内的债务工具，比如短期国债、商业票据、大额可转让存单、逆回购等，这些品种安全性较高，所以货币型基金的收益率相对稳定，被称为“准储蓄产品”。

商品类基金：主要购买黄金或其他大宗商品的基金，目前国内以黄金类基金为主。

QDII基金：主要投资境外资本市场的股票、债券、货币、商品等。

FOF：2017年第一批FOF获批，是基金界的“新生儿”，主要投资其他基金产品。

---

① 此章节关于基金分类的部分主要参考银河证券基金研究中心的分类标准。

拓展阅读

股票型基金是风险最高的基金吗？

在一个充满不确定性的市场中，投资者时刻在掂量的一个问题是：资产安全吗？在这个问题上，不妨听听股神沃伦·巴菲特老先生对“风险”和“安全”的独特见解。

在巴菲特看来，大多数投资者对“风险”与“安全”的认识根本就是错的。从长期看，大多数人认为“风险最大的股票资产”实际上是最安全的，而投资者认为最安全的现金资产，实际上风险最大。造成这种结果的元凶就是通货膨胀。眼下，大部分人包括华尔街人士在内，都认为股市有风险，而巴菲特却认为，大众眼中的风险其实不是风险，而是股价正常的波动，大众眼中最“安全”的现金，尽管没有波动，却将面临很大的风险——长期丧失购买力。在巴菲特看来，投资的本质是“现在将购买力让渡给他人，合理期待未来支付名义收益税率后，仍能获得更高的购买力”。也就是，投资者放弃现在的消费，以便将来有能力消费更多。从这个定义来衡量，持有现金，其贝塔（beta）值是零，让渡了当下的购买力，却没有换来未来更高的购买力，其风险其实是更大的。以美元为例，过去100年，1美元的价值已经降至几美分。巴老所敲响的是一个长期的警钟，未必迫在眉睫，但通货膨胀正是以“温水煮青蛙”的方式蚕食着青睐现金的投资者的资产。

投资学经典著作《股史风云话投资》（*Stocks for the Long Run*）的作者杰瑞米·西格尔[①]（Jeremy Siegel）也曾在书中开宗明义地

① 杰瑞米·西格尔：毕业于哥伦比亚大学，是沃顿商学院的经济学教授，曾担任美国证券业研究学会学术主任。

指出，长期而言，投资股票其实比银行定存还安全。

他分析道，短期来看，通胀将导致债券利率上升，从而导致股票价格下降；但是长期来看，股票的收益最终来自实有资产的增值，通胀导致投入成本增加，产出价格也肯定会上升，因此，未来现金流也会增加，以满足价格上涨的需要。所以，长期来看，股票价格以及收益和股息水平会随着通货膨胀率的上升而上升，“股票就成为一个彻底地规避通货膨胀风险的套期保值工具”。

从美国的历史来看，股票是对抗通胀最有效的投资工具。杰瑞米·西格尔在其另一部著作《投资者的未来》（*The Future for Investors*）中，就排除通货膨胀的影响，对比了过去两个世纪的股票、长期政府债券、票据、黄金以及美元的累积收益率，结论令人吃惊。在2003年年末所持有的1美元，在两个世纪之前仅能购买价值7美分的物品；与之相对，1802年投资在股票上的1美元，到2003年年末已经具有59.7万美元的购买力；而1美元债券和票据的投资收益分别为1 072美元和301美元。很多投资者喜欢投资的黄金，两个世纪后排除通货膨胀因素后仅值1.39美元。

必须强调的是，股票抵御通胀可并不意味着所有股票都能抵御通胀。早在30多年前，巴菲特就曾经强调过，“股票在通货膨胀环境下像债券一样表现不佳，这已经不是秘密”，但它们在恶性通胀中都会泥沙俱下，所以找到它们对普通投资者来说确实是一个挑战。投资者需要睁大眼睛去寻找那些有可能规避通胀带来的负面影响的公司，而这类公司在巴菲特看来具备两种特质：第一，其产品很容易涨价且不怕因此失去市场占有率或销货量；第二，只要增加额外少量的资本支出，便可以使营业额大幅增加。拥有上述两种特质的公司，有巴菲特经常念叨的最爱：喜诗糖果（See’s Candy）、冰雪皇后（DQ）和可口可乐（Coca Cola）。

对于稳健的投资者来说，选择股票型基金，并且长期持有，将是应对通货膨胀、跑赢 CPI 的良方。以 A 股为例，在 2006—2017 年的 12 年里，市场上股票型基金、偏股混合型基金和灵活配置型基金的平均收益率分别达到了 14.6%、17% 和 16.6%。同时，如果基金投资者将实现资产保值、分享经济增长作为长期的投资目标，抛弃“一夜暴富”的企图，也将有助于投资者保持平常心，从而在投资的“马拉松”中轻松胜出。

建立组合：鸡蛋不要放在一个篮子里

> 感谢我的命运，我的买卖的成败并不完全寄托在一艘船上，更不是依赖着一处地方；我的全部财产，也不会因为这一年的盈亏而受到影响，所以我的货物并不能使我忧愁。
>
> ——《威尼斯商人》(*Merchant of Venice*)

每逢股票市场涨到了一个令人振奋的水平，股票乃至股票型基金总会风靡一时，随着其财富效应的深化，投资者还会不断增加对股票的投资金额，与之相对，其他不够“引人入胜”的投资品种，比如债券型基金、货币型基金就会随之陷入冷遇，这种选择是否明智呢?

虽然热情在其他行业是一项必不可少的要素，但在投资中却常常招致灾难。在投资中，投资者尽量不要一股脑地把钱投资在一两个投资产品上，如果希望尽可能地分散风险，前提就是确定股票投资和安全资产的分配比例。

通常，基金投资组合可以分为两个层次：第一个层次是在股票型基金、债券型基金和货币型基金等各类资产之间进行比例分配；第二个层次是在一类资产中选择不同的产品及权重，比如买哪几只股票型基金，各占多少比例，进而形成基金组合。

没有一种投资是最好的，往往过程最美

有“全球投资之父”之誉的约翰·邓普顿[1]（John Templeton）爵士强调多元化投资的必要性。他说：“有关于投资的一个事实是：没有一种投资项目总是好的。为了打造好的投资组合，关键是要保持对于不同类型投资的开放心态。有的时候投资者要买蓝筹股票、周期性股票、公司债券、可转换债券或者美国财政部契约等。然而，有些时候投资者要安心地拿现金和国库券，因为它们能让你有机会去利用更好的投资机遇。”

约翰·邓普顿的这种观点是基于他对风险的深刻认识。在其著作《约翰·邓普顿爵士的金砖》（*Golden Nuggets From Sir John Templeton*）中，他说：“在股票和债券方面，也像生命里的其他方面一样，你会在数字里面找到更多的安全感。但无论你多么细心，也不管你做过多少研究，你都既不能预测也不能控制未来。一次台风或地震、供应商的一次毁约、一次由竞争者带来的无法预料的技术进步、一次由政府要求的产品召回或者严重的内部问题等，无论任何一种情况，都足以让你损失上百万美元的资产。”

正因如此，约翰·邓普顿认为，如果保持心态是开放的，你会比那些锁定在特定种类的投资机会的投资者获得更大的成功。

需要注意的是，我们不要由此就简单地以为做多元化的投资

---

① 约翰·邓普顿（1912—2008）：邓普顿集团的创始人，被《福布斯资本家》杂志称为“全球投资之父”及“历史上最成功的基金经理之一”。

是一项容易的任务。它往往意味着你需要对多种投资品种进行了解，对那些你所不熟悉地区的市场进行研究，并通过努力来确定你的投资选择是明智的。但是这是值得的，因为做多元化投资所带来的好处往往超过你投入的努力。其实，尼采（Nietzsche）的箴言早已告诉我们致富的秘密："不要太高，也不要太低，站在中间，风景最美。"

加里·布林森也认为，做投资决策，最重要的是要着眼于市场，确定好投资类别，从长远看，投资者约90%的收益都来自成功的资产配置。任何投资品种都有高峰和低谷，均衡配置才能在不同市场行情下"旱涝保收"。桥水基金（Bridgewater Associates）的创始人瑞·达利欧①（Ray Dalio）也将资产配置称为"投资的圣杯"，根据他的发现，如果拥有15～20个良好的、互不相关的回报流，你就能大大降低风险，同时又不减少自己的预期收益。

资产配置的原则是均衡配置相关性较低的资产，比如债券与股票就是相关性低的两类资产。格雷厄姆提出了著名的"股债平衡观点"：股票和债券的配置都保持在25%～75%，如果是权益牛市，就增加股票型基金比例，反之增加债券型基金比例。

资产配置平衡就跟营养搭配均衡一样，短期作用可能不明显，但长期作用显著，尤其对于那些风险承受能力低的资金，比如父母的养老钱等。另外，根据历史经验来看，股市越是大涨大跌，债券的避风港效应越显著，资金涌入使得债市表现更佳。

约翰·邓普顿爵士曾经提醒投资者："如果某一特定的产业或者某种证券在投资者中变得很受欢迎，那么这种流行性往往被证明

① 瑞·达利欧：美国著名对冲基金桥水基金的创始人，企业家、投资者，著有《原则》一书。

是暂时的。不要期待那些流行趋势把你引向最好的投资机会。如果你不保存自己的购买力，那你永远不会获得真正的安全。”

家庭资产配置图鉴

有些股民或基民每天盯着数据看，花费很多心力在“看盘”上，自己的心情也随之起伏不定，甚至常常心惊肉跳，看盘对他们的投资收益能有帮助吗？撇除靠投资为生的专业投资者，一般大众仅对一种资产过度关注，其实对投资来说是事倍功半的。因为对大众来说，做投资如果盲目追求收益率，反而可能承担许多不必要的风险，而资产长期稳定的保值、增值才是首要目标。

如何做家庭资产配置

标准普尔（Standard & Poor’s）提出过一个家庭资产配置图，即把家庭资产分成4个账户，依资金的重要和紧急程度做区分。

第一个账户是要花的钱，占家庭资产的10%，或家庭3～6个月的生活费，一般放在货币型基金当中。这个账户保障家庭的日常开销，买衣服、美容、旅游等都应该从这个账户中支出。

第二个账户是保命的钱，一般占家庭资产的20%，为专门解决突发事件准备的。这个账户保障突发事件的大额开销，要专款专用，保障家庭成员在有意外事故、重大疾病时，有足够的钱来保命。这个账户里的钱一般建议买意外伤害保险或重疾保险。

第三个账户是生钱的钱，一般占家庭资产的20%，是为家庭创造收益的。高风险投资能获得高回报，这个账户里的就是我们拿来买高风险基金的钱，可以投资自己相对看好、风险较高的基金产品。

第四个账户是实现目标的钱，一般占家庭资产的50%，即为实现人生阶段目标的钱，比如养老金、子女教育金、留给子女的钱等。这是一定要有的，并需要提前准备。这个账户长期投资的目的是保值、增值，虽然是需求较为明确的钱，但因投资时长，可选择承受一定风险，不一定追求短期的保本，即只要长期来看，资产能够稳健增值即可。这部分钱可以配置到自己风险承受能力范围内的基金组合中。

标准普尔家庭资产配置图如图 2.1 所示。

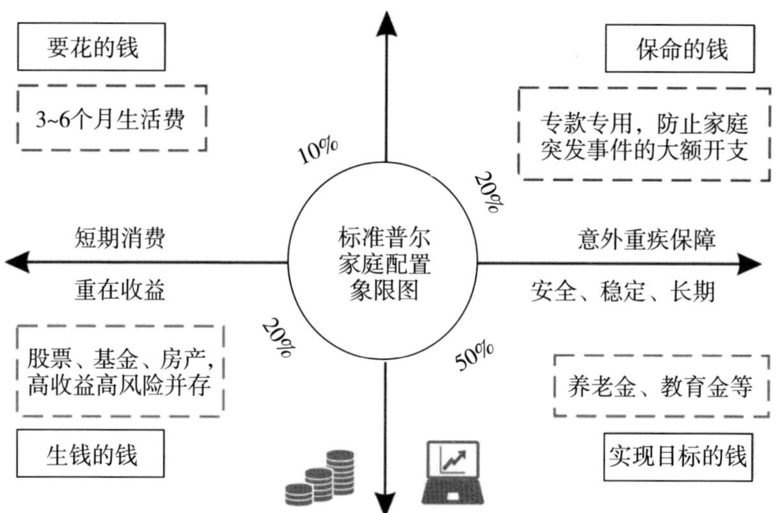

图 2.1　标准普尔家庭资产配置图

注：该图仅为示意图，不作为投资推荐。

如何动态调整家庭资产的配置比例

标准普尔家庭资产配置图所提到的占比只是一个静态的概念，根据人生不同阶段，风险承受能力会有不同的变化。比如家庭形成期，资产总额不多，为了匹配日常的生活开支，无风险的类货币资产可能占总体的比重较多；随着时间的推移，家庭有了一定积蓄后，应对人生意外的能力增强，可以提高投资的风险承受能力。这里整理了在其他条件相同的情况下，特定家庭状况在风险承受能力上的逻辑变化，见表 2.3。

表 2.3　风险承受能力影响因素拆解

考察因素	家庭 1	家庭 2
家庭年龄	小	大
投资期限	长	短
健康状况	优良	不佳
投资用途	次要	重要
容忍损失	大	小
投资占资产比重	低	高
投资经历	丰富	偏少
财务状况	佳	不佳
风险偏好	激进	保守
综合评估结果	风险承受能力较大	风险承受能力较小

注：此表仅为示意表，不作为投资推荐。

如何用基金做资产配置

用基金做资产配置是比较方便的选择，基金产品有低风险的货币型基金、较低风险的债券型基金，以及较高风险的混合型基金和股票型基金。投资者通过不同的配置比例，可以构建适合不同风险承受能力的资产组合。

配合先前的标准普尔资产配置概念，基金可以作为第一个账户（要花的钱）、第三个账户（生钱的钱）和第四个账户（实现目标的钱）的投资标的。由于第一个账户（要花的钱）只适合投资货币型基金，便不纳入构建资产组合的范围中。

第三个账户（生钱的钱）和第四个账户（实现目标的钱）其实可以视作一个资产组合，更形象地说，第三个账户和第四个账户可看成核心组合与卫星组合。

核心组合是按照战略性资产配置方式构建，主要在于获得长期稳定的资本增值，重点考虑投资者风险承受能力。而卫星组合是按照战术性资产配置方式构建，重点考虑市场周期的变化，并随经济情况调整，将投资者与经济环境相结合，最大限度地降低风险。举个例子，一个风险承受能力为平衡型的投资者，假设第三个账户和第四个账户的总额有200万元，可将70%作为核心组合、30%作为卫星组合，分别对应的是140万元和60万元。

风险承受能力为平衡型的投资者，我们建议将核心组合的50%投入偏高风险的基金、50%投入偏低风险的基金，分别为70万元和70万元。投资者对卫星组合可依据当时经济环境进行动态配置，假设经济处于增长温和的状态，卫星组合的60%可以投资偏高风险的基金、40%投资偏低风险的基金，分别对应的是36万元和24万元。

不同风险等级资产组合配置方式见表2.4。

这里要体现的概念是，核心资产的配置主要在于自身的风险承受能力，卫星资产的配置体现在经济情况的变化上。但更重要的一点是，如果本身无法承受偏高风险的投资，那就不适合使用偏高风险的基金作为资产配置的工具。

普通投资者在投资上主要是做家庭资产配置，而家庭资产配置的目的应该是实现财富保值、增值，而了解自己的风险承受能力是开始投资的前提。有时普通投资者会把主观的风险偏好和客观的风险承受能力混为一谈，但其实这是两大不同的概念，风险偏好相反的两个人有可能有着同样的风险承受能力。

表 2.4　不同风险等级资产组合配置方式

组合类型	投资资产	保守型	稳健型	平衡型	进取型	激进型
核心 70%	偏高风险 （股票型/混合型基金）	10%	30%	50%	70%	90%
	偏低风险 （债券型基金）	90%	70%	50%	30%	10%

组合类型	投资资产	假设经济情况下的配置比例			
		增长温和	增长快速	增长放缓	增长低迷
卫星 30%	偏高风险 （股票型/混合型基金）	60%	80%	40%	20%
	偏低风险 （债券型基金）	40%	20%	60%	80%

注：此表仅为示意表，不作为投资推荐。

他山之石：诺贝尔基金如何“滚雪球”

有一笔钱已经被花了 117 年，不仅没花完，反而“越花越多”——它就是诺贝尔奖奖金。诺贝尔基金会的起始资金是诺贝尔在 1896 年捐献的 3 158 万瑞典克朗，而 2017 年奖金多达 900 万瑞典克朗，为什么这么多年都没花完？

按一般的理解，如果公益组织没有新的捐赠，支出将难以为继。但诺贝尔基金会却通过投资让资金“滚雪球”，保证奖金的丰厚度。据其 2017 年报，诺贝尔基金会投资资产已增值到 45 亿瑞典克朗，奖金也在 100 多年间增长了 58 倍，丰厚的奖金也扩大了诺贝尔奖的影响力。

平衡收益与风险

其实，诺贝尔基金会的理财历程并非一帆风顺。成立初期，其章程中限制基金投资范围为“安全的证券”，当时的人们将其理解为“国债与存款”，股票市场则完全未被列入考虑范围。但事实却证明，所谓安全的投资却并不能保证诺贝尔基金的“安全”，反而一定程度上牺牲了收益率。因为奖金发放、运作开销及税收等因素，基金会资产在成立 50 多年后就会消耗殆尽。

为扭转这一局面，诺贝尔基金会的理事们在 1953 年更改了基金管理章程，投资范围改为股票、债券、房地产基金、对冲基金等，并由董事会负责定期调整投资策略，之后才得以实现基金资产的长期可持续增长。虽然百年历史上也有若干亏损年份，但整体来说，诺贝尔基金会的投资策略还是颇为人所称道的。

确定投资目标和策略

诺贝尔基金会是如何投资的呢？首先，明确每年支出并制定投资目标：诺贝尔基金会每年奖金及运营支出约占基金总额的 3%，据此制定目标会至少取得比通货膨胀率高 3.5% 的收益率。其次，诺贝尔基金会的董事会对各类资产的投资比例做出限制，见表 2.5。2017 年的资产占比分别为 50% 的股票、18% 的债券、7% 的房地产基金及 25% 的对冲基金。

诺贝尔基金会的投资方式不仅值得公益组织参考，对于希望支出资产一定比例的养老金账户，也有参考价值。

表 2.5　诺贝尔基金会资产配置

投资类型	占比（2017 年）	配置策略
权益（股票）	**50%**	**40%～65%**
瑞典	10%	—
其他国家	40%	—

续表

投资类型	占比（2017 年）	配置策略
固定收益证券	**18%**	**0%～55%**
瑞典	14%	—
其他国家	4%	—
房地产基金	**7%**	**0%～20%**
另类投资	**25%**	**5%～45%**
对冲基金	25%	—
可转债	0%	—

资料来源：《诺贝尔基金会 2017 年报》。

值得一提的是，诺贝尔基金会还遵循责任投资原则，将责任投资与追求长期增长均作为投资目标。具体来看，诺贝尔基金会自 2016 年起采用联合国责任投资原则，与资产管理人之间保持着关于责任投资的交流，在投资组合中增加绿色债券①等。

小贴士

什么是“社会责任投资”？

社会责任投资（SRI）是一种特别的投资理念，即在选择投资的企业时不仅关注其财务、业绩方面的表现，同时关注其社会责任的履行，在传统的选股模式上增加了对企业环境保护、社会道德、

① 绿色债券：指任何将所得资金专门用于资助符合规定条件的绿色项目或为这些项目进行再融资的债券工具。相比于普通债券，绿色债券主要在 4 个方面具有特殊性：债券募集资金的用途、绿色项目的评估与选择程序、募集资金的跟踪管理、要求出具相关年度报告等。

公共利益等方面的考量，即考察企业的维度更加多样。

社会责任投资是近年在全球发展较快的一种新型投资理念，由于投资者在投资过程中会结合对社会、经济发展，环境健康的关心，再加上传统财务的考虑，使经济发展和社会发展都能获益。

让专业的人做专业的事

俗话说，没有金刚钻不揽瓷器活。诺贝尔基金会的投资管理委员会需要制订评估投资策略和原则、对资产配置提出建议、决定如何在多个国家进行投资等，这显然离不开专业人士的帮助。

诺贝尔基金会的现任首席投资官尤里卡·伯格曼（Ulrika Bergman）曾在瑞典北欧斯安银行（SEB）从事共同基金投资领导工作，拥有丰富的国际投资经历和量化投资背景。实际上，国外不少著名公益基金会的董事会成员常是金融界精英。

基金会通过金融管理可以保持自身造血能力，提升自主性，发挥更大的社会效益。这既体现了对捐赠人的责任，也有利于自身发展。在投资多元化、专业化成为发展趋势的情况下，公益借力专业资产管理机构，特别是注重责任投资的机构，不失为一个好选择。

5 000 多只，为何买的总是那只“假”基金

> 既然要选择一只基金，就一定要选择一只业绩优秀的好基金。
>
> ——彼得·林奇

如果买基金 = 雇人管钱，那么选择基金最关键的莫过于选值得信赖的人，选为你投资服务的团队。不过，这个说起来容易，做起来难，一般投资者很难有机会和基金经理或者投研团队面对面沟通。我们如何通过网上搜集到的信息了解一只基金运作管理的真实水平呢？

不用说普通投资者，作为有一定信息及专业优势的基金从业人员的我们也常问自己这个问题。也难怪投资者们，打开各销售网站或看银行外的信息告示时，扑面而来的字眼总是“今年以来”“近3个月”甚至“过去30天”这些表述以及大大的红色数字。或许因为前几年银行理财爆发式的增长，大家对于基金投资的概念都基于银行理财产品的特点：短期、稳定、确定性。然而，基金尤其是偏股票类产品，与银行理财本质上完全不同。当投资者参考某基金短期过往业绩，一头扎入投资大军，面对随之而来的净值波动，心里必然不好受。

目前，整个市场的基金已超过5 000只，如何在基金的海洋中做出选择，什么基金最适合自己，是一个见仁见智的问题。笔者这里仅列出一些可供参考的指标：历史业绩、第三方评级、基金经理、投研平台以及风险指标。

历史业绩：拼的是“持久力”而不是“爆发力”

根据一只基金的历史业绩来预估其未来表现，就好像根据一个人的履历来决定是否录用一样，看起来很有道理，但结果并不尽如人意。

为什么我们总愿意为短期冠军买单

格林厄姆在《聪明的投资者》中对这种行为模式有精确的描

述：大多数投资者多会以连续上涨为假设直接购买上涨最快的基金，这是理所当然的，心理学家已经证明，人类有一种与生俱来的倾向，认为可以通过短期内的一系列结果对长期趋势做出预测。此外，从我们自身的经历可以看到，有一些水暖工要大大优于其他水暖工，有些棒球选手更有可能打出本垒打，我们所喜欢的餐馆一直能够提供优质的饭菜，而且聪明的孩子总是能得到好分数。在我们的身边，技能、智慧和勤劳能获得认可并得到回报，而且这样的事情一直在重复发生。因此，如果某只基金胜过了市场，直觉就会告诉我们，它将继续有优异的表现。

但遗憾的是，金融市场似乎并不按这个规律出牌。按照近期记忆来投资，经常如同巴顿·比格斯所说，像“开着跑车飞驰在陡峭的山崖上，但只靠后视镜来认路同样危险”。

也正因如此，基金公司的产品文案中必须附上一条风险提示——“历史业绩并不代表未来表现”，然而大家确实还是很喜欢用历史业绩来做文章。各家基金公司的微信公众号文章里，“过去一年基金净值增长了40%，在所有同类型基金中排名第一”这样的表述，你一定不会陌生。

为什么依据历史业绩买基金会陷入业绩陷阱

喜欢F1（世界级方程式锦标赛）的人都明白，即便是冠军，不可能每一圈都领先，也不可能不进维修站。极限速度不是常态，即便做到了，或许也要付出高风险的代价。基金投资是同样道理，某一阶段的领跑者，未必是最终的优胜者。这一点，最突出的表现莫过于基金的“冠军诅咒”了，即每一年的年底，整个市场都会特别关注当年同类基金中业绩表现最好的“冠军基金”，然而令人大跌眼镜的是，“冠军基金”后续往往未必有特别良好的业绩表现。甚至在极端情况下，市场风格一切换，短短几个月之后，“冠军基金”就变成了“垫底基金”。这是因为行业集中、持股集中、仓位激进都有可能实现短期的暴涨，但一出现极端或者相悖的市场行情，其有可能无力抽身。

越短期的基金业绩，越有可能出现较大变数，因此，第三方基金评级机构往往会以基金的 3 年、5 年乃至 10 年的历史业绩表现作为参考指标给出基金评级。整体来说，基金是一个长期投资工具，“持久力”自然比“爆发力”更让人安心。

权益型基金：对优等生要求不高，每年前 1/2 就够了

相对于“业绩冠军”，倒是业绩持续稳定，保持在同类中上水平的基金更让人放心一些。而从数据来看，能够保持业绩稳定，似乎是一只基金运作管理过程中最困难的部分。

以所有主动管理的偏股型基金[①]为例，截至2017 年年底，在过去5 年的时间里，每年都能排在同类前 1/2 的基金，只有 19 只，见表 2. 6。

表 2. 6 2013—2017 年业绩表现排名同类前 1/2 的基金产品

基金简称	2017 年	2016 年	2015 年	2014 年	2013 年
	同类排名	同类排名	同类排名	同类排名	同类排名
偏股型基金（股票投资比例范围为 60% ~95%）（A 类）					
银华领先策略混合	60/342	59/372	130/358	82/337	130/307
兴全合润分级混合	74/342	93/372	22/358	63/337	50/307
银华中小盘精选混合	75/342	59/372	17/358	94/337	77/307

① 根据银河证券的分类标准，这里的偏股型基金包括偏股型、普通偏股型和灵活配置型 3 类基金。

续表

基金简称	2017 年	2016 年	2015 年	2014 年	2013 年
	同类排名	同类排名	同类排名	同类排名	同类排名
偏股型基金（股票投资比例范围为 60%～95%）（A 类）					
兴全轻资产混合（LOF）	77/342	94/372	8/358	68/337	27/307
国泰中小盘成长混合（LOF）	83/342	38/372	19/358	163/337	58/307
光大保德信优势配置混合	94/342	104/372	175/358	123/337	136/307
信诚优胜精选混合	107/342	128/372	162/358	70/337	68/307
华安科技动力混合	152/342	13/372	87/358	124/337	12/307
中欧盛世成长混合（A 类－LOF）	168/342	139/372	40/358	98/337	31/307
普通偏股型基金（业绩比较基准中股票比例大于、等于 60%）（A 类）					
易方达平稳增长混合	36/135	7/15	1/15	5/16	6/14
长盛成长价值混合	56/135	10/34	7/33	7/36	9/36
招商安泰混合	60/135	8/34	10/33	2/36	17/36
银河稳健混合	62/135	5/15	4/15	9/16	3/14
国联安稳健混合	52/135	6/34	14/33	8/36	7/36
富国天惠成长混合（A 类－LOF）	20/135	28/58	2/52	9/48	16/46
信诚四季红混合	87/135	12/58	23/52	8/48	18/46
灵活配置型基金（股票投资比例范围为 30%～80%）（A 类）					
华安动态灵活配置混合	26/53	26/75	10/71	23/72	8/69
兴全有机增长灵活配置混合	3/53	10/75	13/71	24/72	25/69
招商优势企业灵活配置混合	18/53	28/75	30/71	26/72	34/69

资料来源：银河证券。

这19只基金的长期回报如何呢？从5年回报来看，它们基本上都是同类的佼佼者，见表2.7。

表2.7　19只基金过去5年收益率情况

基金简称	2013—2017年净值增长率（%）	2013—2017年同类排名
偏股型基金（股票投资比例范围为60%~95%）（A类）		
兴全轻资产混合（LOF）	350.48	1/283
兴全合润分级混合	309.03	2/283
国泰中小盘成长混合（LOF）	300.68	4/283
银华中小盘精选混合	300.44	5/283
华安科技动力混合	293.91	6/283
中欧盛世成长混合（A类-LOF）	241.20	10/283
信诚优胜精选混合	198.31	23/283
银华领先策略混合	188.80	32/283
光大保德信优势配置混合	160.12	61/283
灵活配置型基金（股票投资比例范围为30%~80%）（A类）		
兴全有机增长灵活配置混合	247.92	1/47
华安动态灵活配置混合	196.51	4/47
招商优势企业灵活配置混合	157.31	9/106
普通偏股型基金（业绩比较基准中股票比例大于、等于60%）（A类）		
富国天惠成长混合（A类-LOF）	173.78	5/106
国联安稳健混合	146.94	13/106
招商安泰混合	146.86	12/47
长盛成长价值混合	145.37	14/106
易方达平稳增长混合	142.74	15/106
银河稳健混合	130.62	17/106
信诚四季红混合	112.91	26/106

资料来源：银河证券。

这些基金过去5年仅有1只得过单年度冠军，其他甚至连前10都不多，但是每一年表现都在同类前1/2，最终取得了优异的长期回报，这份数据至少可以说明以下问题：

第一，基金业绩长期表现优秀是很可贵的，大部分基金都难以达到这个目标。

第二，长期持续稳健的回报需要累加，持续表现在行业中占据中上，在时间的发酵下，长期业绩足以脱颖而出，这样的基金能成为同类产品中的绝对“王者”。

彼得·林奇曾戏谑地说“现在分析基金历史业绩表现，已成为全美流行的业余消遣”，但这些投入大多是浪费时间。他说购买过去一年业绩表现最好的基金是“非常愚蠢的”，因为他们往往押宝于某个热门行业或者几只热门股，但就算用过去3年或5年的历史业绩来选择未来的基金冠军往往也不灵验。他的结论是，坚决长期持有一只业绩持续稳定且投资风格也持续稳定的基金，远远比在不同的基金之间换来换去，随波逐流获得的收益高。

债券型基金：“四四三三法则”

由于债券资产的特征是“收益稳定、低风险”，所以债券型基金的收益也相对比较稳定，不像权益型基金的净值波动那么大。有些投资者会觉得债券型基金都是四平八稳的，不同管理人的投资能力应该差别不大，产品也大同小异，就没有必要花费精力去精挑细选。事实上并非如此，债券投资并不是只需看票面利率这么简单，其涉及择券、交易策略、风险控制、获得优质券种等复杂的投资思路，所以不同产品的业绩还是有很大悬殊的。

与权益型基金一样，考察债券型基金也不能只根据近期业绩表现来论“英雄”。

在这里，我们给大家提供一个通过业绩挑选债基的“四四三三法则”：第一个“四”代表选择两年、三年以来业绩表现排名在同类型产品前1/4的基金；第二个“四”代表选择近一年来业绩表现排名在同类型产品前1/4的基金；而第一个“三”代表选择近6个月业绩表现排名在同类型产品前1/3的基金；第二个“三”代表选择近3个月业绩表现排名在同类型产品前1/3的基金。简单地说，“四四三三法则”背后的核心，其实还是关注基金的长期“持久力”而非短期“爆发力”。

以所有主动管理的债券型基金为例，按照万得资讯的数据，截至2017年年底，满足“四四三三法则”的有27只债券型基金产品，见表2.8。

表2.8　符合“四四三三法则”的债券型基金产品

基金简称	过去3个月	过去6个月	过去1年	过去2年	过去3年
	同类型排名	同类型排名	同类型排名	同类型排名	同类型排名
中长期纯债型基金					
中海惠利纯债分级	3/951	1/903	1/727	5/331	14/265
鹏华丰融	13/951	8/903	4/727	14/331	53/265
大摩纯债稳定添利	234/951	161/903	167/727	13/331	17/265
北信瑞丰稳定收益	14/951	6/903	5/727	41/331	9/265
华安信用四季红	147/951	152/903	140/727	45/331	31/265
广发双债添利	223/951	162/903	48/727	44/331	30/265
新华安享惠金	44/951	31/903	10/727	2/331	35/265
银河领先债券	27/951	23/903	8/727	15/331	16/265
长信纯债一年	229/951	117/903	169/727	36/331	23/265
信诚优质纯债	277/951	14/903	19/727	53/331	5/265
中海惠利纯债分级	3/951	1/903	1/727	5/331	14/265

续表

基金简称	过去3个月同类型排名	过去6个月同类型排名	过去1年同类型排名	过去2年同类型排名	过去3年同类型排名
混合债券型一级基金					
易方达增强回报	2/156	2/156	2/153	4/143	1/132
天弘丰利	17/156	21/156	25/153	26/143	32/132
中欧增强回报	19/156	28/156	29/153	33/143	22/132
华富收益增强	32/156	32/156	9/153	13/143	17/132
海富通稳健添利	4/156	10/156	13/153	24/143	28/132
东吴增利	12/156	7/156	4/153	1/143	8/132
混合债券型二级基金					
易方达裕丰回报	20/446	21/430	14/377	6/250	5/212
汇添富双利增强	21/446	39/430	77/377	23/250	41/212
华夏安康信用优选	5/446	22/430	16/377	27/250	9/212
嘉实稳固收益	121/446	37/430	22/377	36/250	27/212
富国优化增强	9/446	23/430	20/377	48/250	34/212
景顺长城优信增利	42/446	122/430	60/377	33/250	49/212
中银稳健添利	70/446	112/430	90/377	7/250	17/212
新华增怡	133/446	30/430	27/377	1/250	42/212
华商稳定增利	41/446	6/430	10/377	25/250	23/212
易方达裕丰回报	20/446	21/430	14/377	6/250	5/212

资料来源：万得资讯。

货币型基金：不可“唯收益论”

在挑选货币型基金时，很多投资者最先考虑的是收益率。但笔者认为，作为一种现金管理工具，在挑选货币型基金时除了收益之外，还有其他值得考虑的方面，建议投资者至少从以下3个方面考虑：一是安全性，货币型基金并非完全没有风险，选择之前应该首先考虑资金安全性；二是便利性，申购、赎回的限制，配套服务，都是挑选货基的重要维度；三是收益性，任何理财工具都离不开收益，收益当然是评价货基的重要标准。

虽然银行存款的收益确实不如货币型基金，但资金安全性依然获得投资者的信赖。事实上，在购买货币型基金时，投资者在收益之外，还需要关注投资的安全性，安全性一方面是投资的风险性，另一方面是交易的安全性。

除了安全性，便利性也是十分重要的方面，申赎的便利性，资金的限制，配套服务，都是挑选货基的重要维度。比较起来，与银行合作的货币型基金往往能够借助银行的力量，在申赎、资金限额、快速赎回方面建设得更好。不过，互联网系货币型基金也有优势，即有丰富的生活服务配套，如可以用货币型基金直接购物或交水电费、煤气费等。

而对于投资者最看重的收益性，投资者如果过度关注某些短期业绩指标，也容易掉进某些小“陷阱”里。

所谓7日年化收益率、增长率，是将货币型基金最近7日的平均收益水平，进行年化以后得出的数据。换句话说，它是一个将短期数据“长期化”后的指标。

这个指标的便利性在于，可以给投资者一个直观的产品收益概念，但如果投资者仅根据这个指标来挑选产品，则容易一叶障目。原因是7日年化收益率要真正成为投资者一年可以获得的收益率，是基于一年中每天都能获得差不多的收益。而问题在于，在货币型基金的运作中，某些短期高收益率并不能长期持续。对于货币型基金而言，太过短期的收益指标参考意义有限。在笔者看来，看7日年化收益率不如看一个月万份收益均值，后者观测时间更长，更能反映产品管理人的长期管理水平。

而对于投资者而言，看清收益率指标背后的小陷阱还有另一个隐含意义。投资货币型基金是个长期过程，一个产品就算7日年化收益率高达10%，分摊至每一天其实也微乎其微，如果仅是昙花一现，远不如花些时间挑一个收益更稳的货币型基金。

夏普比率：除了收益率，还需要关注风险

小贴士

什么是夏普比率?

夏普比率是一种资产的超额收益率与风险之比，其中超额收益率指的是基金的收益率减去无风险利率；风险一般会用资产价格波动率来代替，波动率指的是价格序列的标准差。通过夏普比率，我们可以衡量资产承担每单位风险能获得的收益补偿，即“风险调整后收益”。

在投资基金的过程中，大家喜欢通过历史收益排名来选基金，特别关注那些短期排名前10的基金，但实际操作时是否该如此呢?

我们可以做一个测算，测算的方法是，假设我们建立一个简单的投资策略，仅考虑开放式主动偏股型基金，在每年年初分别选择过去1年、过去3年和过去5年收益率排名前10%的基金进行投资，投资并持有1年，测算时间从2007年至2018年共12年。

结果显示，不论是短期还是中长期历史收益，在这个投资策略下均无法显著战胜主动偏股型基金的整体平均收益。过去1年、过去3年及过去5年期中，该策略的年化超额收益率分别为1.71%、0.75%和0.87%，效果并不是非常突出，且各策略均有部分年度跑输主动偏股型基金整体平均收益。历史收益前10%基金各策略区间绩效表现见表2.9，历史收益前10%基金各策略分年度收益表现见表2.10。

表 2.9 历史收益前 10%基金各策略区间绩效表现

绩效指标	1 年收益前 10%	3 年收益前 10%	5 年收益前 10%	主动偏股型基金
年化收益率	9.95%	8.99%	9.11%	8.24%
年化超额收益率	1.71%	0.75%	0.87%	—
年化波动率	25.05%	25.11%	24.48%	24.24%
夏普比率	0.28	0.24	0.25	0.22
最大回撤	58.88%	59.88%	56.90%	58.83%

注：1. 策略起始值均为 1 000。

2. 偏股型基金指数构建方式为：样本为业绩比较基准中权益类部分配置比例在 60%及以上的主动权益基金，且成立时间满半年；每季度结束后 16 个交易日为样本调整日；指数加权方式为基金规模加权；对于到期或转型的样本，在到期日或转型日即剔除指数样本。如无特殊说明，以下“偏股型基金整体”“主动偏股型基金”的绩效表现均依据上述指数计算。

资料来源：万得资讯，数据截至 2018 年 7 月 20 日。

表 2.10 历史收益前 10%基金各策略分年度收益表现

年度	1 年收益前 10%	3 年收益前 10%	5 年收益前 10%	主动偏股型基金
2007 年	128.26%	129.47%	119.45%	122.51%
2008 年	-49.84%	-50.97%	-48.01%	-51.05%
2009 年	67.70%	67.37%	72.00%	68.22%
2010 年	4.67%	4.04%	1.86%	0.92%
2011 年	-26.20%	-26.67%	-23.10%	-23.93%
2012 年	7.67%	9.40%	6.10%	5.00%
2013 年	19.07%	19.32%	16.98%	12.27%
2014 年	24.03%	22.45%	19.06%	19.60%
2015 年	35.45%	33.92%	40.71%	43.30%
2016 年	-15.22%	-18.12%	-16.71%	-15.88%
2017 年	17.48%	11.93%	10.84%	13.01%
2018 年年初至 2018 年 7 月 20 日	-5.84%	-3.95%	-7.07%	-7.50%

资料来源：万得资讯，数据截至 2018 年 7 月 20 日。

为进一步验证上面的结论，我们将选择标准从收益前10%的基金缩小为收益前20只基金，各策略区间绩效表现见表2.11。测算结果也进一步证实了上面的结论：各策略均未能显著战胜主动偏股型基金整体平均收益，而且，过去1年收益前20基金的投资策略还跑输了主动偏股型基金的整体平均收益，从各个年度表现来看，各策略均有一半左右的年度跑输主动偏股型基金整体平均收益。

表2.11　历史收益前20只基金各策略区间绩效表现

绩效指标	1年收益前20只	3年收益前20只	5年收益前20只	主动偏股型基金
年化收益	7.27%	9.32%	8.36%	8.24%
年化超额收益	-0.97%	1.08%	0.12%	—
年化波动率	24.70%	24.09%	22.68%	24.24%
夏普比率	0.17	0.26	0.24	0.22
最大回撤	58.81%	58.09%	52.59%	58.83%

资料来源：万得资讯，数据截至2018年7月20日。

历史收益选择基金各策略分年度收益表现见表2.12。

表2.12　历史收益前20只基金各策略分年度收益表现

年度	1年收益前20只	3年收益前20只	5年收益前20只	主动偏股型基金
2007年	109.53%	123.66%	119.97%	122.51%
2008年	-50.30%	-46.24%	-45.10%	-51.05%
2009年	71.76%	58.17%	59.19%	68.22%
2010年	1.16%	6.28%	7.14%	0.92%
2011年	-23.60%	-20.61%	-22.10%	-23.93%
2012年	5.24%	7.32%	5.85%	5.00%

续表

年度	1年收益前20只	3年收益前20只	5年收益前20只	主动偏股型基金
2013年	17.16%	18.52%	17.33%	12.27%
2014年	17.39%	15.47%	16.58%	19.60%
2015年	40.17%	36.79%	32.53%	43.30%
2016年	-16.49%	-15.60%	-13.97%	-15.88%
2017年	5.77%	11.29%	7.58%	13.01%
2018年年初至2018年7月20日	-9.11%	-7.42%	-11.14%	-7.50%

资料来源：万得资讯，数据截至2018年7月20日。

所以总体来看，仅仅依靠过去历史收益并不能判断一只基金的优劣。更科学地研究这个问题，我们需要引入另一个观念——风险收益的性价比。兼顾风险和收益两个维度表现的风险调整后收益才是更具科学性的衡量指标，而衡量风险调整后收益的指标主要有夏普比率、特雷诺指数（Treynor）、詹森指数（Jensen）等，一般实务上应用最为广泛的是夏普比率。

我们基于这个观念再做另一个测算，依据基金历史风险调整后收益选择基金，具体为在每年年初分别选择过去1年、过去3年和过去5年夏普比率前10%的基金，持有1年，观察它们的收益情况。

无论依据的是短期还是中长期风险调整后收益，各策略均能显著战胜主动偏股型基金整体平均收益。相较之前纯粹使用历史收益策略，历史风险调整后收益策略表现更为突出：过去1年、过去3年及过去5年的风险调整后收益策略的超额收益率分别为3.32%、3.31%和1.79%，见表2.13。

表 2.13　历史风险调整后收益前 10%基金各策略区间绩效表现

绩效指标	1 年风险调整后收益前 10%	3 年风险调整后收益前 10%	5 年风险调整后收益前 10%	主动偏股型基金
年化收益率	11.56%	11.55%	10.04%	8.24%
风险调整后收益策略年化超额收益率	3.32%	3.31%	1.79%	—
收益策略年化超额收益率	1.71%	0.75%	0.87%	—
年化波动率	23.89%	23.43%	23.74%	24.24%
夏普比率	0.36	0.37	0.30	0.22
最大回撤	59.02%	58.12%	56.92%	58.83%

资料来源：万得资讯，数据截至 2018 年 7 月 20 日。

历史风险调整后收益前 10% 基金各策略分年度收益表现见表 2.14。

表 2.14　历史风险调整后收益前 10%基金各策略分年度收益表现

年度	1 年风险调整后收益前 10%	3 年风险调整后收益前 10%	5 年风险调整后收益前 10%	主动偏股型基金
2007 年	137.59%	125.15%	119.45%	122.51%
2008 年	-50.10%	-49.01%	-47.66%	-51.05%
2009 年	82.77%	82.67%	70.37%	68.22%
2010 年	2.96%	4.32%	5.80%	0.92%
2011 年	-24.75%	-25.45%	-23.91%	-23.93%
2012 年	8.92%	9.70%	4.30%	5.00%
2013 年	18.29%	19.36%	16.98%	12.27%
2014 年	23.04%	23.32%	19.48%	19.60%
2015 年	33.62%	30.66%	42.35%	43.30%

续表

年度	1 年风险调整后收益前 10%	3 年风险调整后收益前 10%	5 年风险调整后收益前 10%	主动偏股型基金
2016 年	-10.30%	-9.95%	-12.48%	-15.88%
2017 年	16.89%	18.31%	12.58%	13.01%
2018 年年初至 2018 年 7 月 20 日	-4.93%	-3.38%	-6.15%	-7.50%

资料来源：万得资讯，数据截至 2018 年 7 月 20 日。

但需要注意的是，选择基金是一个系统工程，不管是依据历史风险调整后收益，还是依据历史收益，这种利用过去历史数据的方法仍有其局限性。我们需要考虑的因素还有很多，比如基金经理的投资风格及所采用的投资策略、基金经理的选股能力及稳定性等。

简易有效的风险指标：最大回撤

2016 年里约奥运会上，女子 10 米气手枪决赛的淘汰制让比赛悬念迭起，其中，首次参加奥运会的山东济南姑娘张梦雪顶住压力勇夺冠军，为中国队赢得里约奥运会首金，大家也因此认识了这个发挥稳定的“冷漠脸”女生。英国媒体英国广播公司（BBC）对她的评价是：“在她的对手中，没有一个人的稳定性能够与她匹敌；一旦取得优势，她就不会丢失第一名的位置。”

稳定性是奥运选手制胜的关键。能走上奥运赛场的运动员，几乎都是高手。高手对高手，很多时候拼的就是稳定，尤其是射击这样的项目。虽然在决赛最初阶段，张梦雪曾站在被淘汰的边缘，但是随后一路稳步追赶，最终超越了所有对手。在倒数第三轮打出 10.9 环而引发全场惊叹的时候，张梦雪依旧一脸淡定，将最好的状态保持到了最后。

其实，投资和射击比赛有着异曲同工之妙。就拿基金来说，基金的业绩表现是否稳定直接关系着最终收益。

因而，对于专业度较强的机构投资者而言，选择基金时重点关注的风险指标就是“最大回撤”。简单地说，最大回撤是用来描述买入产品后可能出现的最糟糕的情况。

小贴士

什么是回撤?

回撤：是指在某一段时间内产品净值从最高点开始回落到最低点的幅度。

最大回撤：选定周期内以任一历史时点往后推，产品净值走到最低点时的收益率回撤幅度的最大值。

最大回撤如果太大，就意味着这只基金在极端行情下，控制下跌的能力不够强。就好比射击，虽然运动员都能打出 10 环，但是如果时不时打出一个 8 环或 9 环，就会影响整体的比赛成绩，甚至使自己出局。

可能有些“养鸡”的小伙伴觉得“最大回撤”并不能说明什么问题，只要市场行情回升的时候涨回来就万事大吉了。然而，现实并没有那么美好，拿起你的计算器，好好算笔账！

$0.9 \times 1.1 = 0.99$

$0.8 \times 1.2 = 0.96$

$\vdots$

$0.5 \times 1.5 = 0.75$!

假如一个产品净值跌了 10%，随后又上涨 10%，那你最终的资产是原来的99%（0.9×1.1）。假如你的产品跌了50%，纵使随后又涨回来50%，那你的最终资产只剩原来的75%（0.5×1.5）。

基金的业绩表现，直白地说是拒绝它上蹿下跳，而追求它的稳健！

第三方评级：公募基金界的权威——《米其林指南》

100多年前，造轮胎的法国米其林公司（Michelin SA）编辑了一本纸质版的大众点评——《米其林指南》（Michelin Guide，以下简称《指南》）。《指南》到如今，出乎意料地成为“吃货界”最权威的评级体系，当然也是餐厅界最向往的荣誉之一。

在国内公募基金界，也有这样的第三方权威榜单。根据中国证券投资基金业协会的规定，目前官方认可的基金评级机构共有10家，包括7家基金研究机构和3家报纸媒体。

7家基金研究机构为：海通证券、天相投顾、济安金信、银河证券、晨星资讯、招商证券、上海证券。

3家报纸媒体包括：《中国证券报》《上海证券报》《证券时报》。

每季度末，晨星资讯、银河证券等7家证监会认可的权威第三方机构通过一系列的定量和定性考评，为投资者和机构精选优质基金。除了对基金中长期收益率评级外，不同机构还会侧重于择股能力、择时能力、产品设计、风险分散等因素，通过各自的专业评级体系做出评分，其中★★★★★（或AAAAA）是专业机构给予的最高评级。全市场的某只基金，如果获得这7家机构的全五星评级，相当于获得公募基金界最高荣誉之一。2017年全市场获全五星评级的基金见表2.15。

与其跟随短期排名的佼佼者，不如参照长期表现，很多基金评级机构，都会将基金的风险控制能力以及业绩表现的稳定性列入考量指标。

表 2.15　2017 年全市场获全五星评级的基金

基金代码	名称	最新星级	近 1 年净值增长率（%）	近 3 年净值增长率（%）
OF519732	交银定期支付双息平衡	★★★★★	37.37	110.27
OF519066	汇添富蓝筹稳健	★★★★★	58.90	138.85
OF340008	兴全有机增长	★★★★★	36.72	102.01
OF000619	东方红产业升级	★★★★★	57.40	140.39
OF000527	南方新优享	★★★★★	35.02	133.39
OF000480	东方红新动力	★★★★★	25.28	88.93
OF180012	银华富裕主题	★★★★★	56.90	118.62
OF110011	易方达中小盘	★★★★★	49.16	102.68
OF519068	汇添富成长焦点	★★★★★	56.46	137.88
OF519736	交银新成长	★★★★★	38.14	106.46
OF090013	大成竞争优势	★★★★★	37.91	92.77
OF090007	大成策略回报	★★★★★	31.47	80.88
OF519669	银河领先债券	★★★★★	4.95	20.59
OF233005	大摩强收益债券	★★★★★	2.71	22.01
OF000171	易方达裕丰回报	★★★★★	9.81	33.44
OF380009	中银稳健添利	★★★★★	5.18	25.19

资料来源：7 家基金评级机构，数据截至 2017 年第 4 季度，部分机构截至 2018 年第一季度末。

小贴士

七大基金评级机构的评级结果查询网址

晨星资讯：http：//cn. morningstar. com。

银河证券：www. yhzqjj. com。

海通证券：https：//www. htsec. com/ChannelHome/5000022/index. shtml。

天相投顾：http：//www. txsec. com/data/jjsj－txjjpm. asp。

济安金信：http：//www. jajx. com/jijinpingjiazhongxin/。

上海证券：https：//www. shzq. com/information/list. html？page = yjbg_ jjyj&flag = 1。

招商证券：http：//www. newone. com. cn/research。

基金经理：给你的钱选一个首席执行官

基金经理是基金产品的掌舵手，基金的业绩较大限度取决于管理人的投管能力。我们在投资基金的过程中也许会遇到这样的问题：某基金的历史业绩非常突出，但是在不久之前更换了基金经理，这个产品还能不能买？或者持有的某只基金突然更换了基金经理，是否选择继续持有？

因为基金经理是决定基金投资策略和持仓组合的关键人物，所以产品的历史业绩只是呈现出来的表象，基金经理的投资业绩才是真正的内核。买基金，说到底买的是基金经理为你管理资金的服务，所以如何评价基金经理的水平是我们需要关心的问题。对于基民而言，“明星基金经理”的抢眼程度几乎可与足球明星相媲美。骄人的过往业绩、卓越的业内口碑都成为基民中“追星族”津津乐道的话题，而当业绩表现较差的时候，他们也会遭到无情的吐槽甚至被抛弃。

这一现象并非国内独有。笔者走访英国的基金公司期间，有资产管理同行就介绍称，鉴于基民对于明星基金经理的狂热，他们一度干脆在广告中将旗下的明星基金经理包装成他们的特工

“007”基金经理。基金经理人数及管理规模变化情况如图 2.2 所示。

那么，我们如何从这 1 669 位基金经理中，做出精准判断和评价呢？

以权益型基金经理为例，笔者选了 3 个维度作为参考指标：任职时间、年化收益率和累计收益率。

从图 2.3 可以看到，虽然任职期较短的基金经理不乏高收益率的情况，其中某位 4 年期基金经理平均收益率超过 33%，但这毕竟属于个别情况，不少基金经理的收益率依旧为负，可见“鲜肉会更香，但姜依旧还是老的辣”。从基金经理群体整体表现来看，任职期越长，其整体平均年化收益率越高。

而且，20% 的基金长期年化收益率，或许是权益型基金经理的一个标准。我们向朋友推荐基金产品时，不太了解行情的朋友总会惊讶，觉得 20% 的收益率太低。我们从图 2.3 中可以看到，其实

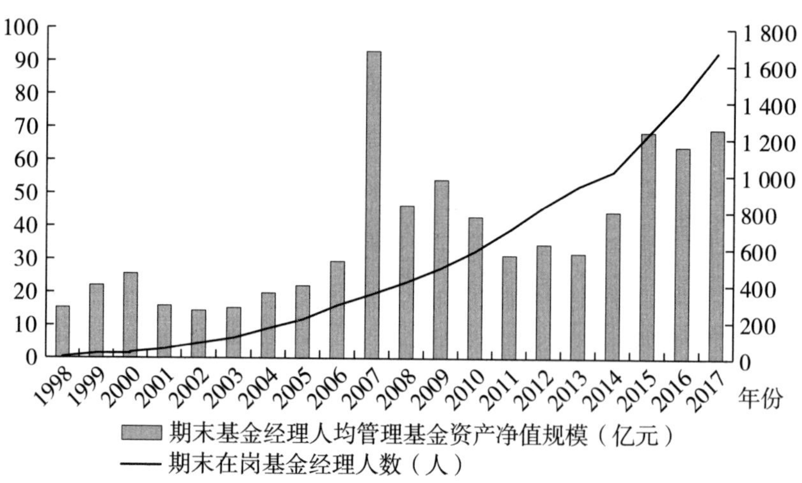

图 2.2　基金经理人数及管理规模变化情况

资料来源：银河证券，数据截至 2017 年 12 月 31 日。

并不然。整体而言，平均年化收益率可达10%的基金经理已是行业前20%水平；任职9年以上，年化收益率稳定在10%以上的老将，更是少之又少；而有20%以上的平均收益率，真的是凤毛麟角。毕竟基金经理短期找对风格从而获得20%以上的收益率并不难，但如果想要长期保持这样的收益水平，对他们的投资管理能力就是非常高的要求了。

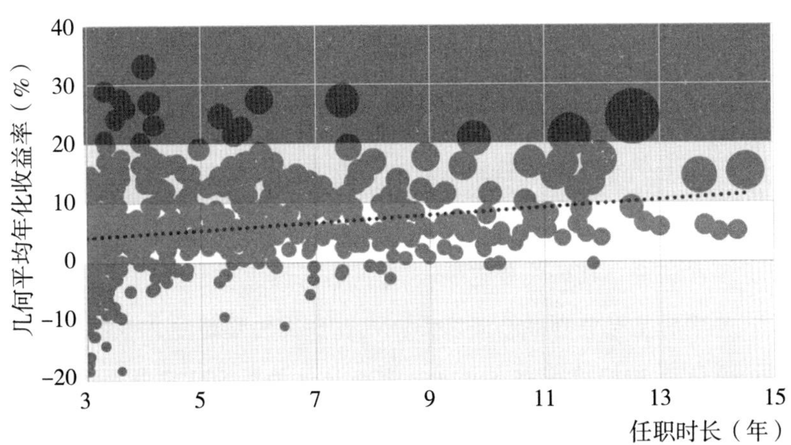

图2.3　任职3年以上主动权益型基金经理（在任）表现

注：1. 任职3年内基金经理考察期较短，所以剔除考虑，仅对主动权益型基金经理考察。

2. 图标中每一个气泡代表市场上每一位主动权益型基金经理。

3. 气泡横坐标为基金经理任职年限，左侧气泡为任职年限较短者，越靠右侧代表任职时间越长的老将基金经理。

4. 气泡纵坐标为几何平均年化收益率，下方气泡代表基金经理的平均年化收益率为负，越上方的气泡代表基金经理平均年化收益率越高者。

5. 气泡面积为基金经理任职总收益（以任职年限和年化收益倒推，仅供参考），气泡越大代表该基金经理任职累计收益越高。

6. 颜色较深的重叠气泡部分为近似任职期的基金经理的集中表现，颜色越深代表有近似表现的基金经理越多。

7. 虚线为不同任职期的基金经理整体平均收益表现。

资料来源：万得资讯，数据截至2018年5月28日。

拓展阅读

美国基金经理群画像

国内基金管理人的现状，与美国已经较为成熟的资产管理市场中的基金管理人还是存在比较明显的差异。根据相关数据，截至2015年年底，美国共同基金经理约7 700人。从基金数量来看，美国共同基金自2000年以来数量变化不大，在8 000～9 000只之间浮动。初步统计，美国共同基金经理平均每人管理1.2只基金，平均资产管理规模约20亿美元。同时，笔者在彭博（Bloomberg）上查到600多个有公开年龄的美国公私募基金经理样本，大部分年龄分布在40～60岁之间，平均年龄为54.9岁，从侧面说明美国基金行业还有许多活跃的资管老将。

美国的基金经理跳槽率高吗？比我们国内略好些，根据晨星资讯一份截至2013年年底的报告，其所统计的近800家基金公司中，基金经理平均任职时间在3年以内的约290家，基金经理平均任职时间超过9年的有160家左右。当然，这与美国资本市场历史悠久也有一定关系。

通过中美基金经理的简单对比，中国的基金经理更年轻，管理的产品更多，管理的资产金额更少，而跳槽率更高。从职业发展的角度来说，他们似乎也更加幸运，因为置身于中国飞速发展的资本市场，未来有机会创造更多的传奇。

基金公司：基金后台背景怎么样

基金管理其实是一个非常庞杂的系统。如果把基金比作一艘大船，基金经理就是引领航向的掌舵手，而基金公司里面的其他部门就是配合掌舵手的“零部件”，缺一不可，只有每一个环节紧密配合，才能使得基金这艘大船顺利前行。

虽然基金业绩很大程度上取决于基金经理的管理能力，但平台对于基金业绩的影响也是不可忽视的，尤其是投研体系非常完善的大公司。研究、风控、交易等部门的业务能力都会直接影响基金产品的表现。如果你的基金与基金公司旗下的其他产品都表现平平，那你应该更加谨慎，要考虑仅靠基金经理的个人能力，优异性是否能持续。如果与基金公司其他基金整体表现突出，就可能更令人放心。

所以说，单只基金的表现尚不足以显示一家基金公司的投资能力，整体业绩才是团队实力的体现。

权益型基金：关注平台选股能力

对于权益型基金，平台的重要性主要体现在研究部和投委会对投资过程的参与。由于基金经理精力有限，无法亲自研究和跟踪每一只个股，因此研究员对行业和个股的把控，可能直接影响基金经理对投资的判断，进而影响基金业绩表现。同样，投委会负责把控公司整体的投资理念和风格，以及基金经理的具体操作方式，自然会影响基金的表现。

在行情剧烈震动的市场环境下，投资者尤其需要选好基金公司。行情会更迭，热点会轮动，但是基金公司的选择标准是不变的。首先，我们不能只看旗下一只产品的表现，只有整体业绩优异才是实力的保证。对于“一枝独秀”的基金公司，我们需要警惕。其次，业绩要有持续性，“黑马型”基金公司虽然说明其最近一段时间业绩表现良好，但投资者需要查看其过往业绩。影响基金业绩的短期因素太多，踩准了热点，或押对了宝，都可以使基金一段时间内业绩迅速上升，但这很可能只是“昙花一现”。全市场基金公司近 3 年、5 年、7 年、10 年股票投资表现前 10 见表 2.16。

表 2.16　全市场基金公司近 3 年、5 年、7 年、10 年股票投资表现前 10

近 3 年表现前 10（共 73 家）		近 5 年表现前 10（共 68 家）		近 7 年表现前 10（共 61 家）		近 10 年表现前 10（共 56 家）	
基金公司	期间收益率	基金公司	期间收益率	基金公司	期间收益率	基金公司	期间收益率
东方证券资管	55.5%	兴全	156.3%	中欧	155.9%	银河	243.4%
圆信永丰	39.2%	中欧	151.7%	银河	147.8%	兴全	228.7%
交银施罗德	31.5%	交银施罗德	140.5%	汇添富	141.2%	富国	184.7%
民生加银	28.0%	诺德	133.9%	兴全	136.8%	汇丰晋信	170.9%
安信	25.5%	汇添富	130.3%	诺德	112.6%	汇添富	168.0%
万家	25.3%	华安	121.0%	万家	109.8%	中银	159.4%
诺德	20.9%	富国	114.4%	富国	99.7%	新华	148.5%
兴全	19.0%	民生加银	110.5%	新华	98.4%	嘉实	142.8%
国泰	17.4%	财通	109.7%	国联安	94.3%	国联安	140.4%
景顺长城	16.9%	国泰	107.9%	景顺长城	93.7%	摩根士丹利华鑫	137.2%

资料来源：银河证券，数据截至 2018 年 6 月 30 日。

固收型基金：规模效应显著

首先，比起股票投资，债券投资更加具有规模效应。除了与股票一样可以在交易所进行二级市场交易，债券交易的很大一部分发生在银行间市场，而银行间市场属于协商交易，需要参与者以询价方式与交易对手逐笔达成交易。而大公司的平台优势和获取资源优势就能够展现出来了，一般来说，规模大的基金公司在债券交易市场上有更强的影响力，资源也相对丰富。

其次，基金经理没有足够的精力去跟踪所有信用债，尤其在信用债分化严重、违约事件频发的市场环境下，公司的信评团队往往承担着较大的职责。所以，信用研究框架完善、风险控制能力突出的基金公司，更有可能取得长期稳定的投资业绩。

因此，在选择债券型基金的时候，我们不仅要关注某只债基的历史业绩，还要从整个公司债券资产管理能力的角度分析，优选出平台实力突出的基金公司。全市场基金公司近 3 年、5 年、7 年、10 年债券投资表现前 10 见表 2.17。

表 2.17　全市场基金公司近 3 年、5 年、7 年、10 年债券投资表现前 10

近 3 年表现前 10（共 68 家）		近 5 年表现前 10（共 53 家）		近 7 年表现前 10（共 38 家）		近 10 年表现前 10（共 19 家）	
基金公司	期间收益率	基金公司	期间收益率	基金公司	期间收益率	基金公司	期间收益率
中加	19.0%	兴全	63.6%	华富	80.8%	易方达	135.3%
东吴	17.6%	华富	63.2%	易方达	79.2%	大成	107.5%
摩根士丹利华鑫	17.4%	大成	58.6%	大成	75.3%	工银瑞信	88.7%
民生加银	16.5%	中欧	44.6%	兴全	69.5%	国投瑞银	87.3%
招商	15.5%	长城	43.7%	摩根士丹利华鑫	66.4%	博时	86.8%
新华	15.4%	中信保诚	42.5%	长城	62.8%	华安	85.4%
英大	15.1%	诺安	42.4%	博时	58.5%	富国	82.6%
兴全	14.4%	摩根士丹利华鑫	42.3%	招商	56.2%	交银施罗德	78.7%
银河	14.3%	平安大华	41.6%	农银汇理	54.9%	诺安	77.4%
北信瑞丰	14.0%	信达澳银	40.8%	国投瑞银	54.0%	中海	74.1%

资料来源：银河证券，数据截至 2018 年 6 月 30 日。

内参指标：基金经理和公司自己买了吗

每次震荡调整后基金净值下跌，基金持有人都会心疼。每当这种时候，基金公司微信号、微博等平台也往往会收到投资者的温馨提醒，不少投资者真心提出各种投资建议，但也有不少基金持有人责备基金经理管理不善。

其实，如果基金净值下跌，基金经理和持有人一样心疼。一方面，若基金业绩表现不佳，可能影响基金经理本年度甚至后续年度的绩效和奖金。另一方面，基金经理会将自己的私房钱和奖金申购自己管理的基金产品——上班、投资两不误！

很多投资者都知道，基金经理自购产品并不是隐秘信息，从基金定期公开披露的半年报和年报就能看到。部分发起式基金由于基金条款要求，成立时便要求基金经理及基金公司认购一定资金量的基金并持满 3 年。

除此以外呢？其实由于公司员工更了解产品，选择产品时也会更倾向于集中投资自家产品，所以公司员工持有份额是一家公司对基金经理和未来市场的评估和判断指标之一，[①] 而这一数据同样也可以通过报告看到。

当然，报告中我们还能看到机构投资者占比，这些资金往往有专业团队进行决策和投资，因此常被称作“聪明的钱”。所以，我们在选择基金时，机构资金占比也是一个考量因素。

---

① 基金从业人员自购偏股型基金产品要求持有时长不少于 6 个月，这也避免了基金公司内部员工内幕交易、套利等的存在。

基金界的“新生儿”，了解一下

随着中国公募基金行业管理资产规模的快速增长，行业成熟度越来越高，市场不断推出新的基金品种，以满足投资者多样化的理财需求。比如2017年9月的首批FOF、2018年6月的首批CDR基金等，都是此前国内市场上没有出现过的产品类型，投资者可能对它们还比较陌生。接下来，我们将简要介绍这些新品种，投资者也许可以从中发现不错的投资机会。

FOF：你的选基专家

这部分的目标是与大家一起探讨如何更好地选择适合自己的基金产品。如果你是一个不喜欢自己做投资决策或者不相信自己投资能力的投资者，那FOF其实是一种不错的选择。为什么这么说呢？我们首先弄清楚什么是FOF。

FOF的全称是“基金中基金”，指将不低于基金资产的80%投资于其他公募基金产品的一类基金。也就是说，FOF的大部分基金资产并不直接投资股票或债券，而是通过持有其他基金从而间接持有股票、债券等证券资产。这类产品通过专业机构对基金进行筛选，帮助投资者优化基金投资效果。

简单来说，FOF是将多只基金捆绑在一起，投资FOF等于同时投资多只基金，但比分别投资的成本大大降低了。另外，FOF完全采用基金的法律形式，按照基金的运作模式进行操作，与基金捆绑销售等纯销售计划是不一样的，而且FOF中包含对基金的长期投资策略，与其他基金一样，也是一种可长期投资的金融工具。

投资 FOF 有哪些优势

首先，投资者可以获得长期的超额收益。我们做了一个测算，从 2005 年 1 月 1 日到 2018 年 8 月 3 日，中证偏股型基金指数累计上涨 494.12%，同期沪深 300 指数累计上涨 231.53%；累计超额收益率为 262.60%，年化超额收益率为 4.79%。中证偏股型基金指数的年化波动率为 18.75%，同期沪深 300 指数的年化波动率为 27.76%，见表 2.18，投资偏股型基金相对沪深 300 指数的波动更小、收益更高。

表 2.18　中证偏股型基金指数和沪深 300 指数收益率情况对比

	累计收益率	年化收益率、增长率	年化波动率
中证偏股型基金指数	494.12%	14.01%	18.75%
沪深 300 指数	231.53%	9.22%	27.76%
超额收益率	262.60%	4.79%	—

注：中证偏股型基金指数是中证指数有限公司编制的，选取股票型基金以及混合型基金中以股票为主要投资对象的基金作为样本，以反映所有偏股型开放式基金的整体走势。

资料来源：万得资讯，2005 年 1 月 1 日至 2018 年 8 月 3 日。

其次，流动性更好。相较于直接投资股票组合，FOF 的成交价受交易规模的影响较小，交易的冲击成本较低。在遭遇市场极端环境或个股“黑天鹅事件”时，FOF 投的基金产品可以正常进行申购/赎回，流动性优势更加显著。

再次，专业的研究更能发挥投资 FOF 的优势。普通的基金投资者对于基金的了解主要局限于历史业绩，尤其是短期业绩。而通过测算，如果选择了过去 1 年排名前 10% 的基金，从数据来看，未来 1 年整体大概率会跑输平均水平；年业绩排名前 50% 的基金，在下一年仅剩一半还能排在前 50%。FOF 利用自身基金研究的专业优势，兼顾收益和波动，对基金经理进行深度研究，从而可以为委托人获取更加稳健的长期收益。

最后，FOF 可以帮助投资者获得基金市场独特的投资机会。这些投资机会有封闭基金和定增基金的折价机会、衍生期权等。

优中选优，什么样的 FOF 更值得投资呢

首先，好的 FOF 投资经理应该是把自己定位为足球教练的角色，而不是一个全能型球员。教练需要考虑的是谁来守门、谁来负责前锋位置、谁负责后卫位置、什么阵型等，而不是通过从不同的基金经理那里学习各种方法，然后将所学由自己来贯彻，成为全能型球员，这样就丧失了 FOF 的初衷。

其次，投资者需深入了解 FOF 团队的投资风格。投资者应不做过于激进、盲目自信的“大判断”，始终保持可控的投资风险；通过对基金市场的长期跟踪，积极挖掘市场上具有绝对收益或者相对收益的投资机会，不断积累收益；积极寻找有相对价格优势的品种、有能力附加的主动型基金、有风险和收益明显不对等情况下的投资机会，主动把握低买高卖操作。

最后，投资者需要关注团队的经验和投研框架。比如管理人是怎么做大类资产配置的，是动态还是静态；怎么研究并跟踪标的基金经理、基金产品；是否有全面系统的分析模型和数据库；是否有丰富的基金研究经验。公司对 FOF 团队的研究支持和资源投入有多大。因为 FOF 产品刚刚起步，所以大部分基金公司尚未投入很大的精力，当然也不乏较早在该领域战略布局的基金公司，投资者在做选择时需要提前做好功课。

CDR 基金：参与“独角兽”的投资机会

2018 年的 CDR 基金确实火了，发行的那段时间网上流传着各种段子，比如“CDR 的广告已经打到菜市场了”。到底什么是 CDR 基金呢？与普通基金有什么区别？CDR 基金的投资价值有多大？我们一起简单探讨一下。

小贴士

什么是 CDR？

CDR 是指在境外上市的公司将部分已发行上市的股票托管在当地保管银行，由中国境内的存托银行发行、在境内 A 股市场上市、以人民币交易结算、供国内投资者买卖的投资凭证，从而实现股票的异地买卖。

简单来说，投资 CDR，相当于直接用人民币买到了国外上市公司的股票。

CDR 基金，又称“战略配售基金”，主要投资以 IPO、CDR 形式从境外资本市场回归 A 股的“独角兽公司”。2018 年 7 月 6 日，6 家基金公司旗下的 6 只战略配售基金成立，首募规模超过 1 000 亿元。业内人士认为，CDR 基金问世是公募产品的重大创新，普通投资者可以通过 CDR 基金成为知名科技企业的战略投资者，和全国社保、养老金等机构同等拥有配售优先权。

CDR 基金等于打新基金吗

很多人认为 CDR 基金类似于打新基金，其实两者存在较大区别。打新基金一般采取网下申购的方式，利用资金优势获取足够的股份，通常在新股开板时就会卖出。而 CDR 基金主要采取战略配售的方式，就是企业在上市前把一部分股份单独拿出来给指定的战略投资者，价格与新股发行价格相比有一定的折价，但通常会有锁定期。

小贴士

什么是打新基金?

打新基金就是资金用于打新股的基金，也就是基金资产的投资方向主要是运用募集资金申购新股并获取新股的价差收益。投资者如果要申购新股，需要股票账户中有一定规模的持仓，一般来说持仓市值越大，则中新股的概率越高，打新基金可以通过申购规模优势来提高投资者获得新股的概率。

CDR 基金投资机会如何

CDR 基金的亮点在于：战略配售获配股份较多，中签率高；可折价参与配售，成本价较低；可投资独角兽公司的股权，享受优质公司未来的盈利和估值成长。

不过 CDR 产品也有局限，比如 3 年的锁定期影响资金流动性，以及 3 年间不确定性因素的发酵。另外，获配股数存在不确定性，如果获配数量不多，对于几百亿的独角兽基金来说可能是杯水车薪，难以大幅增加基金收益。CDR 发行数量也存在不确定性，如果 1 年发行数量较少，基金常年依靠信用债和普通债券等维持收益，收益也不会乐观。更有估值的问题，目前可发行 CDR 的企业在美股已经有不少，而且美股目前的估值也算不上低，所以无形中压缩了 CDR 未来的上涨空间。

对于 CDR 基金的投资价值，市场上存在很多不同的声音。大家还是应该根据自己的收益目标，以及流动性、资金性质、投资期限等约束条件，评判这类基金是否真正适合自己。如果与自身各方面的需求和约束条件匹配，再把资金配置于该类基金。

神秘的私募基金：突破 12 万亿规模的市场

根据中国基金业协会的数据，截至 2018 年 2 月，私募基金规模突破 12 万亿，已经超过了公募基金的总体量。我们经常听到的公募与私募，其实是按照基金的发行方式来划分的。简单来说，公募基金就是面向一般大众公开发行的基金，而私募基金是面向特定投资者非公开发行的基金。那么，公募基金与私募基金之间具体有哪些差异呢？

公募与私募，差异知多少

严格来讲，公募基金与私募基金在监管、规范、募集方式、投向、运行方式等诸多方面存在差异。两者的特征对比见表 2.19。

表 2.19　公募基金与私募基金的特征对比

特征	公募基金	私募基金
发行对象	依法可以投资基金的社会公众	合格投资者
发行方式	公开发行	非公开发行
监管要求	受到法律法规和监管部门的严格约束，产品募集需经证监会核准	限制和约束相对较少，产品成立只需在基金业协会备案
投资限制	在投资品种、实际投资与基金类型的匹配、仓位上有严格限制	投资范围由产品合同约定，灵活度高，可投资的范围广

续表

特征	公募基金	私募基金
投资门槛	门槛低，1 分/10 元/100 元/1 000元起投	门槛高，固定收益类、混合类、权益类产品的起投额分别为 30 万元、40 万元、100 万元
信息披露	信息披露要求高，由证监会监管。封闭期至少每周公布一次净值，开放期每个开放日公布一次净值，需发布季报、半年报、年报。发生重大事件需发布临时公告，信息披露渠道多元	信息披露有限，由中国基金业协会自律管理。通常每月公布一次净值，季报和年报所含信息不如公募基金全面，且只向客户披露，具有很强的保密性
管理费用	通常只收取固定管理费，不提取业绩报酬	固定管理费 + 业绩报酬，其中业绩报酬占比高
流动性	流动性较好，开放式基金可自由申赎，大部分封闭式基金可在二级市场交易	流动性较差，多有 6 ~ 12 个月封闭期，封闭期结束后一般设为定开模式
投资者人数	200 人以上	不超过 200 人

注：《关于规范金融机构资产管理业务的指导意见》（以下简称《资管新规》）中规定固定收益类、混合类、权益类产品的起投额分别为 30 万元、40 万元、100 万元；《私募投资基金监督管理暂行办法》规定单只产品起投额为 100 万元。

谁有资格买私募基金

合格投资者才能买私募基金，《资管新规》对投资者提出了更严格的要求：家庭金融资产不低于 500 万元 + 家庭净资产不低于 300 万元 + 具有两年以上投资经历，或者近 3 年本人年均收入不低于 40 万元 + 具有两年以上投资经历。而购买公募基金，投资者除应符合适当性规定外，收入、投资经验等没有限定。之所以这样安排，主要是因为相对公募产品来说，私募产品的风险更高、流动性较低，所以需要客户有更强的风险承受能力。

同时，私募基金的起投额也较高，根据《私募投资基金监督管理暂行办法》，单只私募基金起投额为100万元；根据《资管新规》，固定收益类、混合类、权益类产品的起投额分别为30万元、40万元、100万元。所以，投资者没有一定的资金实力确实无法购买私募基金。而公募基金就比较“亲民”，即使投资者口袋中只有10元钱，也能找到可购买的产品。

公募基金与私募基金主要投资什么资产帮客户赚钱

因为涉及广大投资者的利益，公募基金的投资受到了严格的监管。比如投资范围基本限定在交易所或银行间上市的有价证券，不能投资非上市公司的股权、房地产和艺术品。其仓位、持股集中度也有比较严格的限定，比如单只股票持仓不能超过10%等。

而私募基金的投资限制由协议确定，具有更高的自由度，可投范围除了股票、债券、存款等标准资产外，还可以投向房地产、非上市公司股权、初创型企业、艺术品等另类资产。

公募基金与私募基金是否可以公开宣传

公募基金以公开方式向大众发行，投资者可以在很多公开场合看到新产品发售的信息。

而私募基金只向合格投资者进行发售，法律规定，私募不能通过公开宣传来募资，所以投资者很难通过媒体了解私募产品，一般只有合格投资者才能接触到具体的产品信息。比如我们在兴全基金官网上点击《专户产品（公募基金公司下类私募基金）》一栏的时候，就会弹出确认身份的提示。

购买公募基金或私募基金需要支付多少管理费

如果你购买的是公募基金，除基金合同另有规定外，通常的基金产品按照固定比例收取管理费，而产品的收益高低并不会影响收取的费用，投资回报由投资者自己享有。具体费率与基金公司、基金类型有关，比如股票型高于债券型，主动管理型高于被动型，简单来说就是，管理难度越大，管理费率越高。

如果你购买了私募基金，则在固定比例管理费之外，还需要与管理人共享收益。也就是说，产品收益率越高，你所支付的费用就越高，管理人能获得的利润分成也就越多。

作为基金持有人，能追踪到哪些信息

公募基金很大的一个优势就在于高度的公开和透明，除了每日净值（封闭式基金至少每周更新净值）、季报、半年报和经过审计的年报等募集信息、运作信息，发生重大事件也需要刊登临时公告，这几乎把产品的信息都公开了，使投资者对产品的运作有清晰的把握，从而可以做出合理的决策，且提供这些信息的渠道也很丰富。因为公募基金信息都被暴露出来，所以资产安全性在一般人看来更高，也更容易接受。

而私募基金的大部分信息不向大众公开，只针对购买产品的客户披露，且需要通过特定的信息备份系统才能获取。通常一个月公布一次净值，半年报和年报等包含的信息量也不像公募产品那么丰富，所以投资者可获取的私募产品信息较少。

私募的正确打开方式

在百度搜索“私募基金”，热度条中弹出的是“私募基金会跑路吗?”看来有不少投资者在这类产品上吃过亏。

私募基金的合规风险和投资风险都要高于公募基金。首先，私募基金公司的准入门槛较低，对注册资本没有强制要求，截至2018年2月底，市场上的私募基金公司已经达到2.3万家，而公募基金公司才125家。宽监管也就意味着市场上可能鱼龙混杂，专业能力很难得到保证，截至2017年年底，中国基金业协会累计公布了300多家失联的私募公司名单。另外，根据私募排排网的统计数据，截至2018年7月底，2018年以来共有2 016只基金清盘。其中，提前清盘的私募有1 092只。其次，私募基金的投资自由度高，可能存在过度承担风险的情况。

所以，比起公募基金，私募产品可能更适合资金实力强、对流动性要求不高、风险承受能力强的投资者。同时，投资者在选择私募基金前要进行更仔细的甄别，比如关注管理人的管理规模和投资经验、基金是否在协会备案、公司经营是否合规等，对于签署的产品合同或协议也要仔细斟酌。

第三章

投资实战：选择买入和卖出的时点

人类的幸福，大多不是来自罕见的红运，而是来自每天的一点点儿所得。

——本杰明．富兰克林[①]（Benjamin Franklin）

很多投资者的梦想，就是无论买什么投资产品，都能在价格最低时买入，价格最高的时候卖出。

毫无疑问，选择投资入场和离场的时点是有价值的。虽然投资者对于低风险低收益产品，如货币型基金、银行理财产品或者债券型基金更多应该关注宏观经济风险指标，买入、卖出的时点影响较为有限；但对于股票型、偏股型基金等较高风险的投资品种而言，每天价格净值起起伏伏，隔天买入就可能差几个百分点的收益，低买高卖的空间引人遐想。

然而在投资实战中，这样的操作并不容易，许多投资者还是难以抵御市场不停上涨的财富诱惑而持续加仓，又在市场下跌中反复质疑自己的决定而忍痛“割肉”，最终陷入追涨杀跌的怪圈，投资者心理变化如图 3. 1 所示。

① 本杰明·富兰克林（1706—1790 年）：美国政治家、物理学家、外交家、发明家、作家、慈善家，美国独立战争时重要的领导人之一，被选为英国皇家学会院士。

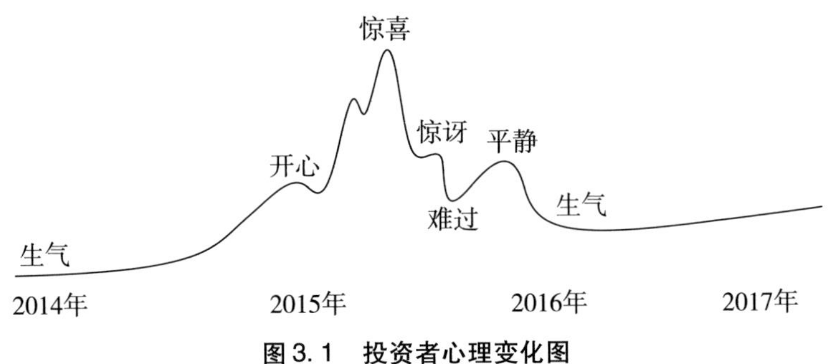

图 3.1　投资者心理变化图

从历史来看，基金投资者对于股市的追涨杀跌总是难以避免的，不少基金持有人都是在高位时盲目申购基金，而在下跌中急忙赎回，导致最终的投资亏损。以沪深 300 指数成立以来走势和万得资讯统计的全市场混合型基金份额做比较，如图 3.2 所示。我们会发现近几年市场基金总份额和股票指数几乎同涨同跌。尤其在 2015 年的市场震荡中，基金份额在三季度末缩水超 40%。如果叠加基金组合中股票下跌的影响，市场基金资产总规模暴跌近 50%。

官方调研数据也证实了这个现象。在之前的章节中，我们也讨论了中国公募基金在过去几轮市场周期中的赚钱效应，但是根据《中国证券投资基金业年报（2015）》中的数据，仅有 32.8% 的受

图 3.2　全市场混合型基金份额与沪深 300 指数走势比较

资料来源：万得资讯。

访者表示自投资基金以来有盈利，27.1%的投资者盈亏不大，而亏损的投资者达到40.2%。

基金能赚钱看似成为一个悖论，原因在于投资者对于基金择时难以把握。

巴菲特说，要在别人贪婪时恐惧，别人恐惧时贪婪，然后临到眼前时，你就会发现别人的贪婪和恐惧看起来都很有感染力，而逆向投资就像一把玄铁重剑，确实不是每个人都能舞得好。

因而在笔者看来，选基金的重要性是大于择时的，但是也不能因此忽视了择时的重要性。本部分内容讨论的基金买点，主要以股票型和偏股混合型基金为主，因其均有一定比例的股票持仓，正是这部分仓位，使得这些基金的预期收益和预期风险都较其他基金更高，也更容易受到证券市场变动的影响。而对于债券型和货币型基金来说，作为固定收益类产品，其净值表现主要与市场利率及流动性相关，且波动通常小于股票及偏股混合型基金，因此更重要的是资产配置，而买入时点对整体配置的影响较小。

择时困境：你总是成为反向指标吗

靠水晶球谋生的人，注定要吃碎在地上的玻璃。

——瑞·达利欧《原则》(*Principles*)

越是简单的方法往往越有效，低买高卖听起来似乎并不困难，但操作起来异常艰难。

被《福布斯》(*Forbes*)杂志誉为“全球投资之父”及“历史上最成功的基金经理之一”的约翰·邓普顿有句名言：行情在绝望中

诞生，在半信半疑中成长，在憧憬中成熟，在希望中毁灭。他在劝诫投资者理性投资的同时，也充分说明了“踏准节奏”的难度。

在与不少资历较深的基金经理交流时，我们发现，他们绝大部分在择时与择股中取舍时，通常都站在了择股这一边。因为择时的难度似乎比择股大得多，即便是专业的他们也难以完全胜任，且通常需花费更多的时间和精力。在这一点上，投资圈的幸运女神并没有抛出橄榄枝。上海证券2011年发布的报告《中国公募基金的结构、行为和绩效》显示，70%的基金通过择时获得的超额收益是负数。

如今许多人都喜欢谈论巴菲特，其公司伯克希尔－哈撒韦每股净资产在过去50多年里年化收益率近20%的成长已经成为行业神话般的传奇。巴菲特在每年股东会或日常的报道交流中的言论都能成为不少投资者熟能成诵的经典语录。不少人知道或熟悉他的投资策略，简单归纳起来就3条：第一条是寻找价值被市场低估的股票，第二条是买下这种股票，第三条是耐心持有等它上涨。他也多次明确表示自己对于择时的弱化。

但能够真正理解这些话，最终实践其精髓的人却不多。历史在不断地重复，我们看到市场暴涨中入市的投资者比比皆是，最终都遭受损失。即使市场回暖，这些投资者却已遍体鳞伤，失去了对市场的信心。

“择时”这两个简单的字到底藏有多大的秘密？为什么实际操作起来那么难呢？

股市难有“算命先生”

这一困境在于，未来是不确定的，市场是难以预测的

人们很喜欢请人为他们预测未来。商业领域的预测同样很有市

场，有研究称，古代美索不达米亚的文字记录中就有很多是关于预测商品价格的资料，如“乌鸦代表市场价格稳定”等。

如今也有人对股市预测寄予厚望，我们对于电视里、网络上或者各类媒体上的点评预测应该都并不陌生。然而即便是业内精英对经济趋势进行有根据的分析预判，也无法完美解读未来。如果在1年年末盘点1年年初的观点，正确率往往不容乐观，甚至有时候会南辕北辙，令人大跌眼镜。

对冲基金桥水的创始人瑞·达利欧在专著《原则》一书中回顾了其人生中最令人难堪的预测失误，然后做出了深刻的反省。

> 那段时间我经常引用一句话：“靠水晶球谋生的人，注定要吃碎在地上的玻璃。”1979 年到 1982 年，我已经吃了足够多的碎玻璃，也懂得了最重要的事情并不是预知未来，而是知道在每个时间点上如何针对可获得的信息做出合理的回应。
>
> 说实话，预测的价值并不是很高，而且大多数做预测的并没有在市场上赚钱……原因是没有什么是确定的，而且当一个人把所有影响未来的不同事物的可能性叠加起来，以便做出预测时，他会得出各种各样发生概率各不相同的可能性，而不是得出一个可能性很高的结果……

美国证券界的超级巨星彼得·林奇在他的畅销书《彼得·林奇的成功投资》(*One Up On Wall Street*) 中也用了整整一章的篇幅来说明“不要预测股市”。作为史上最传奇的基金经理之一，他坦承自己没能预测 1987 年的股市暴跌，他说：“如果说无知总是结伴而行的话，那么置身于同样也没有预测股市会大跌的一大群给人印象深刻的著名预言家、预测者以及其他投资专家当中，让我感到非常的舒服。”彼得·林奇的幽默和自嘲生动地说明了一点，在预测这个领域，错误总是难免的，我们能做的就是端正对它的态度。

股市是称重机，也是投票机

这一困境在于，短期的择时更像是一种博弈

华尔街教父本杰明·格雷厄姆曾经说过一句话：“市场短期是一台投票机，但长期是一台称重机。”

其意思是，股市的短期表现，实际上是市场参与者买卖价格的结果，就好像在一群人的投票下，产生了“涨”“跌”的表现。有“利多”或“利空”，市场应声而上或应声而下，都体现了这种“投票”结果。对于短期交易的人来说，重点不在于研究价值的多少，重点在于研究人们的情绪会导致怎样的投票结果，并利用此来获利。

而称重机则是指股票价格从长期看，还是会遵从价值的原则，价值就是股票的重量。股价短期可以过分高或低，但从长远看，不会离其价值太远，它有多少价值，就有多少重量，即市场价格趋向于其价值。

从这个角度出发，股市的参与者也大致可以分为两种人：第一种人交易的是“自己的心”，可被称为价值投资者；第二种人交易的是“别人的心”，在此被称作趋势投资者。价值投资者眼里，股票的价格取决于公司的质地，公司值多少钱，自己心里有标准，在实际交易时就围绕着这个标准高抛低吸。而在趋势投资者眼里，股票更像是用来交易的筹码，股价的变动取决于对手的想法和市场的供求，跟随趋势是核心交易原则，所以追涨杀跌，依靠止损来控制风险。他们将投资的得失寄托在“别人的心”上，其中难度可想而知。

有时候，大部分人都错了

这一困境在于，择时需要对抗人性，让你感觉很好的投资时常是错的

查理·芒格说，人类和旅鼠一样，在某些情况下都有“集体非理性”的倾向。这种倾向导致聪明人产生了许多不理智的想法，做了许多不理智的行为。比如机构投资者最害怕的事情就是它的投资实践和大家的不同。

符合想象的是，摆脱从众效应的影响并不容易，尤其当人们在感到困惑、有压力，或者邻居突然暴富了的时候。更有意思的是，“特立独行”所需要克服的障碍不仅仅是心理层面的，而且是生理层面的。《当代生物学》（*Current Biology*）杂志曾发表过一份研究报告，说：当别人说某个东西比你原来想的更有价值时，你就有可能越看重这个东西，当别人说这个东西没有你原来想的那样有价值时，你眼中这个东西的价值就下降了。更令人惊讶的是，如果你对这个东西价值的评估和其他人所说的一致，那么你脑中专门处理奖励的部分就立马高速运转起来。

正如华尔街日报专栏作家杰森·茨威格（Jason Zweig）所说的那样，投资者常常随群而动的原因，从最基本的生物学层面来讲，在于随大流感觉很好。从众不仅让投资者有一种“人多势众”的安全感，而且还能感受到快乐。因而，虽然巴菲特的名言“要在别人贪婪时恐惧，别人恐惧时贪婪”在投资者中被广为传诵，但真正的逆向投资者仍然十分少见。

独立思考对于投资的重要性，不仅体现在择时上，也体现在“择股”和“择基”上，彼得·林奇曾明确表示：“如果说有一种股票我避而不买的话，它一定是最热门行业中最热门的股票，这种股票受到大家最广泛的关注，投资者在上下班的汽车上或火车上都

会听到人们谈论这种股票，一般人往往禁不住这种强大的社会压力就买入了这种股票。”

基金同样如此，晨星在过去数年所做的一项研究中明显地证明了这一点，人们不怎么关注的基金的表现都超过了人们所喜爱的产品。“违背自己的性格和意愿需要勇气，但是这种勇气是有报酬的”，晨星创始人指出，“如果你独立思考并从被其他人遗弃的市场上寻找便宜货，你就会成为一个好的投资者，这远比按照财经出版物上短暂的吹捧而购买股票强得多”。

虽然盲从预测十分疯狂，但也并不意味着任何分析预判都毫无价值，通过观察预测失误的潜在区间，你可以调整自己的预期，避免做出过分自信的决策。同样，虽然择时是一门技术活，但并不意味着择时都没有价值，尤其是在追寻大概率正确的时候。

拓展阅读

投资中的“隔壁老太太现象”

2015 年上半年，当上证综指在短短一个月内从 2 900 点上涨至 3 400 点时，很多投资者却不赚反亏，“满仓踏空”这样的自我调侃成了当下热门词。上海交通大学投资者研究中心发现，投资者在持续牛市中的幸福感和自信程度都会不同程度上升，盲目地高位跟进通常是很多投资者的选择，这样的循环也引起了短期内市场一波接一波的上涨。

“隔壁老太太现象”指的就是这样的一种循环。听闻隔壁老王等人在牛市中狠赚了一笔，邻居老太太也会信心满满、不假思索地随同涌入股市。运气好的话，即老太太跟风还算迅速，牛市还在半山腰，往往还能小有浮盈；但若是不幸接了牛市最后一棒，老太太恐怕难以避免“满仓套牢”的困境。

诚然，“隔壁老太太现象”这样的羊群效应，是一种投资者面对市场的自我保护，也是人性缺陷的体现。账面金额的增长是更多投资者的唯一评判指标，投资本身也因此成了一场利益游戏。期盼从周围朋友或网络信息中得到投资小道消息却不独立思考，从来都不是在市场中生存的法则。

理论上，“隔壁老太太现象”是由于投资者跟随或模仿其他投资者的成本较低，加之盲目跟随甚至反应过度的可能性较大，往往容易导致市场的剧烈波动。如何避免这种现象的发生，或避免成为这些“老太太”中的一员，除了在股市中保持冷静清醒的头脑，也同样需要学会正视自身对于价格下跌的恐惧。

当全民理财意识觉醒，居民储蓄开始流向股市、基金账户，巨量资金必然会推动股市在短期内较大波动。而目前国内股票市场中小投资者占比仍然较高、投机性较强，投资者本身面临着更大的波动风险。

做人处事，除了顺势而为，更应从容思考。“妈妈常说人多的地方不要去”，这句话即使用在股市，也颇有一番道理。

会买的是徒弟，会卖的才是师傅

> 大部分投资者一生都沉迷于“猜顶和探底”的游戏，但事实证明：这是一个不可能完成的任务。没人能真正预测大市或个股的“底和顶”，这也就是为什么大部分投资者终其一生都没有跨越财富自由的门槛。
>
> ——沃伦·巴菲特

同一位基金经理管理的不同基金，因为投资理念相同，长期总会趋同。这是我们看到不少基金公司的不同基金有相近表现的原因。

但是在较短的时间内，由于不同的基金经理有不同的操作风格，波动率、最大回撤、最大上涨等指标也会有所不同。如果投资者对于入场、离场时间有准确判断，投资将会事半功倍，而且是“好多倍”。当然，如果投资者决策不佳，在高点入场、低点挥泪离去，那么单次投资会面临被砍去一半资金的可能。

接下来，我们将尽量浅显地解释一些入场或退场的标志，这主要源于我们对于市场历史数据的观察及从业经验，希望对投资者有所帮助。

买：选择入场的时机，而不是绝对的底部

有个朋友给我讲了他自己亲身经历的事，他一直很认可一位业内资深基金经理的风格，终于有机会和他当面沟通，就直接问：“你管的基金现在能买吗？”基金经理很谦虚地说：“你再等等吧，等跌一跌就能买了。”

结果他等了一整年，这只基金涨了40%。

事实上，和一线销售人员不一样，基金经理对于推荐自己的基金给客户都是很谨慎的，替人管钱是相当有压力的。相反，据笔者观察，他们对于劝客户赎回这件事情倒是真的很有一套。

而这也确实说明了选择入场的时机是一个技术活，即选中了基金，买入的时间不同，同样会有不同的收益。那么，投资者如何选择一个较好的买点呢？

寻找合适的买点不等于最低点

说到好的买点，许多投资者的第一反应都是买在“低点”，也

就是进行俗称的“抄底”。但实际上，低点多是在事后复盘才能观察到，而优秀的投资者往往不会纠结于绝对的低点。

投资大师巴菲特就曾坦言，“抄底”不是他的强项，与之相对，他更看重的其实是在适当的时候“出手”。从历史上数次“抄底”来看，巴菲特是一个左侧交易者①，他对于底部的判断有时要比市场早半年。

在“抄底”的时机问题上，从1974年10月第一次预测股市到现在，巴老的回答始终朴素而诙谐，他在1974年接受《福布斯》采访时说：“我把投资业称为世界上最伟大的商业，这是因为你永远不必改变态度。你只需站在本垒上，投手会扔来47美元的通用股票、39美元的美国钢铁公司股票！没有惩罚，只有机会的丧失。你整日等待着你喜欢的投球，然后趁外场手打瞌睡的时候，大迈一步将球击向空中。”那时，道琼斯指数（DJIA）只有580点。

2008年10月17日，在金融危机的末期，巴菲特在《纽约时报》（*New York Times*）上发表了一篇文章《入市宣言》（Declaration of the Market），承认自己正在买进股票。他说：“我无法预计股市的短期波动，对于股票在1个月或1年内的涨跌我不敢妄言。但有一种可能，即在市场恢复信心或经济复苏前，股市会上涨，而且可能是大涨。因此，如果你想等到知更鸟报春，那春天就快结束了。”

事实上，如果纠结于买入基金或者股票后的第二天或者下一周它是不是就会触底反弹而一路“高歌猛进”，从某种意义上这更像是一个需要占卜的事情。底部是一个区间，不是一个精准的点，且对于具体的每一只基金或股票而言又情况各异。很多人的投资经历证明，一生只要把握住几个大的趋势，哪怕只是一两个，就会很不同了。

---

① 左侧交易：也叫逆向交易，在价格抵达或者即将抵达某个所谓的重要支撑点或者阻力点的时候就直接逆向入市，而不会等待价格转势。

好基金下跌可能是一个好时点

对于投资而言，下跌听起来可不是一个好消息。除非你持币待购，或者伺机加仓。

如果历经了充分的评估，你选中的基金随着市场发生了较大幅度的回撤，或者暂时陷入了表现平平的低潮期，同时当初你看中这只基金的原因①并未发生较大变化，那么这时或许是一个不错的买点。

事实上，如果基金净值出现回撤，其持仓股票的估值可能会下降，风险得到一定的释放，此时买入比追高可能更有优势。而且震荡行情中，可能缺少趋势性的投资机会，此时专业投资者捕捉结构性的投资机会的优势相对更为突出。

当然，对于优秀的权益型基金来说，净值走势在大多数比较期内都能优于市场平均收益，即便是回撤的时候也比同类跌得少。如果投资者一味等待，可能错过“上车”的好时机。

市场狂热时，谨慎入场

这是一个真实的故事，在某个寒冷冬天的早晨，一位小提琴家伫立在华盛顿朗方广场地铁站熙熙攘攘的人群中，先后演奏了 6 首曲目，演出结束时，无人鼓掌、无人理会。在他演奏的 43 分钟时间内，有 27 人给他扔了钱，其中大多数人是边走边扔的，有 7 人驻足聆听了。事后有人采访了这 7 个人，只有一人高度评价了这位“行乞”的小提琴手。那天从演奏家身边走过的绝大多数人，就这样与世界上鼎鼎大名的小提琴家乔舒亚·贝尔（Joshua Bell）擦肩而过了。而就在 3 天前，他在波士顿交响音乐厅办演奏会时，票价

① 原因包括投研团队、风险指标、基金评级等。

是 100 美元，全场座无虚席。当天他演奏了世界上最难的曲目，而他所拉的提琴是一把制造于 1713 年的名琴，价值 350 万美元。

这个由《华盛顿邮报》（*WPO*）一手策划的地铁演奏会，就是要观察人们在看似不适宜的情况下能否发现身边的美，但结果显然有点儿令人遗憾。同样，在投资的时候，风险总在人声鼎沸处，机会则在无人问津时。当某类资产最有吸引力的时候，往往是人们视而不见，甚至试图回避它的时候；而到了价格昂贵的时候，又往往是人们关注的时候，投资者不得不为这种群体性热情支付高昂的溢价。有一个段子非常形象地描述了这一状况：当菜场阿姨都向你推荐股票的时候，或许是一个清仓的信号。

“当你投资时，往往有一种诱惑，就是要证实或者求证其他人也在做同样的事情”，处于市场中，保持冷静和独立的判断并不容易。市场上大多是短期投资者，都希望在市场上赚到最多最快的钱，然后在调整来临前全身而退，等着别人去接最后一棒。而这一旦演变成整体的非理性时，结局往往并不尽如人意。

拓展阅读

经济低谷期是挑选股票的好时机

正如巴菲特的名言，当大潮退去的时候，我们才能知道谁在“裸泳”。这句话一般是用来形容那些在市场高潮时盲目投机的人在市场大调整后就会暴露出他们的愚蠢。其实对经营的公司来说也是同样的道理，在市场处于高潮时，经营低劣的公司和激进的公司会表现得很好，甚至有高的增长速度，我们不容易区分好公司和差公司。但当经济衰退时，那些质地较差的公司就会遇到很大的麻烦，很多差公司、赌博冒险的公司甚至会应声倒下，无法熬过经济的严冬，所以说经济低谷期往往是优秀公司脱颖而出的时候。这时候，投资者也更容易发现那些优秀的公司，而且还能以低得多的价格买到这些好公司的股票。

其实经济周期的调整，就像人累了要休息一样，经济低谷期可以为那些优秀公司提供更好的发展机会，劣质公司的退出能给它们提供更大的发展空间。还有更深远的意义，正如熊彼特（Schumpeter）所描述的那样，经济发展本身就是“创造性毁灭”的自我实现与发展，一大批公司倒下，从而释放出资源。而一些新兴产业或者优秀公司则会从中吸纳资源，成为下一轮经济高涨期的领军行业或公司。

按照这个逻辑分析，经济低谷期也正是勇敢、睿智的投资者的良机。对于投资，再具体一点儿，投资者应该把握以下两点：第一，应该寻找那些能够提供足够的防御性和安全边际且有机增长能力强的公司，即财务指标上的毛利率比较稳定；第二，潮起潮落总有周期，在低谷期也应该多下功夫，挖掘那些能成为下一次经济高涨期中“领头羊”公司。这些未来“领头羊”往往是那些把握了时代发展背景、迎合了产业调整和升级需求、符合科学技术进步要求的公司或行业，一旦经济恢复，并在逐渐好转时，它们就会顺势而起，或率先复苏。

卖：看到这些信号，你就要注意了

先讨论一个问题，如果你帮助过一个人，你会因此而更喜欢他吗？

虽然这个问题并不符合逻辑，但答案很有可能是肯定的。原因很简单，从心理学角度讲，人们倾向于不改变原有印象或意见，因而，当我们帮助过一个人以后，会倾向于收集这个人的正面信息以证明这个人是值得帮助的。

事实上，美国独立战争的领袖、杰出的政治家本杰明·富兰克林就曾经巧妙地运用这一点。当他还是费城一个默默无闻的小人物时，他希望得到某个重要人物的垂青，于是经常设法请那个人帮他一些小忙，比如向那个人借一本书。一段时间以后，那个大人物果然更加欣赏和信任富兰克林了。因为帮助富兰克林这一行为本身就暗示着“赞许”之意，使富兰克林在他心目中树立了正面的印象。

这种现象，被心理学家称为“确认偏误”，也被投资大师查理·芒格称为“避免不一致性倾向”——人们更可能寻求对已知证据的确认而避免考虑相反证据，就像当我们对一个人产生了“第一印象”的时候，往往不愿意轻易推翻它。更极端的例子是，许多辩护律师或者其他观点的鼓吹者最后会相信他们从前只是假装相信的东西。

在投资领域，避免不一致性的现象同样屡见不鲜。比如，当判断市场会上涨时，如出现了负面消息，很多人所做的不是立刻反思，而是选择性地对某些证据视而不见。又如，当你买入一只股票或基金时，看到同样看好该股票或基金的文章时会格外兴奋，哪怕写文章的人是一个你平素不太喜欢的作者。

坚持己见当然不是理性的做法，而且可能导致糟糕的后果——坚持错误的观点，更糟的有如法官对罪犯的印象特别好等。事实上，由于避免不一致性倾向可能引起糟糕的后果，我们不得不在很多场合采取特别措施来对付它。比如在法院，法官和陪审团必须先聆听辩方的长篇大论，让辩方列举证据为自身辩护，然后才能做出决定。这有助于防止法官和陪审团在判决的时候犯“第一结论偏见”的错误。同样地，其他现代决策者通常要求各种团体在做出决定之前考虑反方的意见。

在投资中，我们也需要同样的机制来避免自己形成“思维定式”——不断检查自己的投资决定，推翻自己的错误想法，以开放的心态来接受新观点和新证据。

金融大鳄乔治·索罗斯[①]（George Soros）就曾坦言，自己在投资领域的过人之处，不是能多次地判断准确，而是能比大多数人更为及时地发现自己的错误，并及时加以修正或干脆放弃。而这种做法，正是成为一名“理性投资者”的前提。

那么接下来，笔者想和你们讨论的问题就是：如果你已经买入了一只基金，而且短期内并不急需用钱，那么如何判断是换仓还是赎回呢？以下几个信号对你有帮助。

基金赎回信号一：股市泡沫破裂

市场震荡年年有，每当市场下跌，总有客户在后台提问：是不是该赎回了？其实，可承受范围内的短期调整并无须过于担忧，真正需要注意的是类似 2008 年及 2015 年股市泡沫破裂后的暴跌风险。

由于基金合同中通常对于最低股票仓位有所限制，即使是最专业的基金经理面对市场确凿的暴跌信号时，对于基金净值回撤也无法完全避免。以代表全市场偏股型基金平均表现的中证偏股基金指数作为参考，2015 年股市暴跌叠加熔断导致沪深 300 指数跌幅超 46%，而同期中证偏股基金指数跌幅也几乎与沪深 300 指数持平。

需要注意的是，投资者在亏损时其实比赚钱时更不愿意赎回。虽然提前“割肉”或许会错过后续“回血”的机会，但将过去的

---

① 乔治·索罗斯：著名的金融投资家、慈善家、社会活动家，曾管理著名的对冲基金量子基金，以“1992 年成功狙击英镑”而知名，著有《金融炼金术》等书。

收益落袋为安也不乏是个好选择。当然，这里还有一个重要的前提，前面说到“人多的地方不要去”，对于基金也是一个道理，千万不要在市场泡沫破裂前跟风入场。

此外，投资者也可以提前关注专业机构对于未来或风险的判断，基金公司或基金经理在定期报告或交流中的警示也同样值得注意。如果良心基金公司或基金经理“劝赎”，投资者再不舍也应考虑咬牙赎回。

基金赎回信号二：投资团队信任危机

投资有好年份也有坏年份。即使是巴菲特，他的投资也不总是百分百正确的。据伯克希尔－哈撒韦最新季报显示，公司 2018 年一季度就亏损 11.4 亿美元。[①] 但投资者对伯克希尔未来信心依旧，2018 年上半年公司股价依旧保持上涨态势。

如果基金的长期表现始终跟不上基金经理对市场和股票的判断，那投资者就应注意了。我们分析了全市场近 5 年期表现排名后 1/4 的混合型基金，发现这类基金通常有 3 年以上的单年度回报都处于行业后 1/4，甚至还有一些基金出现连续年度较大幅度的亏损。所以，如果你的基金连续 3 年收益都排名市场后 1/4，还是投资一只长期表现更靠谱的基金为妙。

除了市场因素及基金表现以外，基金公司自身职业操守也是投资者需关注的因素之一。2014 年基金业协会就发布了《基金从业人员执业行为自律准则》，从基金运作合法合规、客户利益至上等 12 个方面对从业人员进行约束。如果基金公司出现一定道德风险，或内部风控、管理出现较大失误，投资者应注意。此外，基金经理

① 一部分损失是由《新会计准则》改变所导致。

变更也值得重视，但基金公司多是大投研平台团队“作战”，所以投资者可以考察投研平台的整体实力。

基金赎回信号三：基金风格严重水土不服

这一点以热门主题基金最为显著，当投资者关注此类基金时总是在该主题股票暴涨之后，而随着投机性资金的退出，市场也会相应冷却，这类基金往往会面临较长时期的“坏年份”。与其盼着遥遥无期的下一波风口到来，还不如尽早“割肉”，选择一只表现稳定且长期可战胜市场的基金持有为妙。

当然，我们更希望基金持有人不但可以在长期持有中获得基金回报，更能根据自己的风险承受能力在自有资金需要时选择较好时点赎回基金，真正赚取基金的投资回报。

拓展阅读

中国台湾股市泡沫

投资时间长一点儿的股市投资者，会对2015年的股市震荡有深刻的印象；时间更长一点儿的股民，可能记得2008年的情况。大量的散户在赚钱效应的驱使下涌入市场，他们对自己的投资标的了解不多，但是又有很大的信心。有些散户甚至通过网络或者客服电话指挥基金经理操作，说“应该买入××股票”，或者“××股票不行了，你赶紧卖出吧”。

“行情在绝望中诞生，在半信半疑中成长，在憧憬中成熟，在希望中毁灭”，这是史上最成功的基金经理——约翰·邓普顿的一句名言，他所说的这个循环在许多国家的股市中都多次上演。

历史总是惊人的相似，当年参与中国台湾市场的一位基金经理——美国人江平[①]（Steven R. Champion）在亲历了台湾股市跌宕起伏之后，写了一部《台湾股市大泡沫》（*Great Taiwan Bubble*），回顾了台湾的股市大泡沫。

其中的一些场景，经历过2008年或2015年的A股市场的投资者应该会似曾相识。书中描述，在某些交易日里，台湾牛市的力量似乎只能被交易的涨停规则限制。在11月的某一天，市场上涨了590点，也就是6.5%。全部的185只上市交易的股票价格都有不同程度的上涨，其中达到7%涨停限制的就有175只。“处于这样的市场中，你买什么股票并不重要，重要的是你参与了这个市场”，泡沫膨胀的速度之快，使得股市成为一个不具有产生实际价值和合理配置资源功能的名副其实的大赌场。

快速的赚钱效益使得越来越多的人参与其中。在台湾大牛市的顶峰时期，每一天有超过200万人，也就是台湾总人口的10%，穿过大街小巷来到他们喜爱的交易大厅买卖股票。这些人当中有家庭主妇、出租车司机、大学生、酒店舞女、老师、和尚、退伍军人。“如果有人受不了压力，需要休息一会儿，他可以到楼下的餐厅里买一些饼干，幸好有电脑和电话的普及，即使在楼下的餐厅，这些投资者还是可以下单买卖股票，而并不会错过任何的交易时间。”

极端时期甚至出现这些情况：政府机构在交易时间空无一人；公共住房部、工人保险局、台北环境保护局在交易时间里直接停止服务，在交易结束后，员工才会陆续回到办公室；小学老师随堂小测的题目是学生家长购买的股票；出租车司机因为害怕错过交易时

① 江平：一位长期在中国台湾做投资的美国基金经理，亲历了台湾股市跌宕起伏之后写了一部传记式著作《台湾股市大泡沫》。

间而拒绝载客；那些被称作“茶水女孩”“小妹”的年轻办公室助理们，为了能够去交易所交易股票而辞去工作。

书中还记录到，当时有一位高级政府官员对此有所思考，他认为，“股票市场的估值已经远远高出了世界标准，而且崩盘已经不可避免。伤得最重的会是那些欠缺专业知识、较晚进入市场而且逃得还不够快的散户。一次市场崩盘也许会成为一场清偿危机的导火索，甚至波及银行”。

无论有多少做多的理由，任何市场都摆脱不了自然规则。1990年2月，台湾股市从最高12 682点一路下跌，一路跌到2 485点。大盘在8个月内跌去了10 000余点，跌得只剩下了零头，跌幅超过80%！但直到大崩盘来临的那刻，许多投资者才真正认识到股市风险的巨大。

笔者在亲身经历了A股市场的急速下跌之后，回头看台湾的这段历史，更加感同身受。

拓展阅读

投资中的“拿锤综合征”

查理·芒格有一个非常有趣的理论——“拿锤综合征”，讲的不是《复仇者联盟》（*The Avengers*）剧情中各位英雄谁能提起大力神锤比试的问题，而是阐述了工人拿着手中的锤子时，只专注于眼前的钉子，对周围其他问题一概不知道的现象，即“当局者迷，旁观者清”。

2015年的牛市泡沫，上证综指在短短的10个月从2 000点跃过5 000点，投资者对于市场的热情也随之狂热起来。如果将锤子理论类比今日的投资者和他们手中持有的股票，也颇有一番道理。

在上一个“拓展阅读”中，我们也将2015年的牛市与20世纪80年代的台湾股市进行了对比，历史总是惊人的相似，许多情况都如出一辙。

何时是市场顶点是投资者最关心的问题之一，因为只要顶点未到，无论何时投资，都是买入良机；而对于已在市场中的参与者，无论何时提前卖出股票或赎回基金都会吃亏。而且，这些市场参与者相信顶点未到时，只要市场每次大跌或调整，股市就必然会迎来报复性上涨。芒格也引用了众所周知的巴甫洛夫实验理论①（Theory of Pavlov's Experiments）来解释这一现象。投资者在大跌后不计后果地买入，更刺激了价格高位时的剧烈波动。然而绝大数情况是，如果投资者意识到这是顶点，股市就已经走到了“右侧半山腰”。而且，投资心理学也发现，当股票价格位于高位时，投资者买入的冲动不仅高于卖出的冲动，甚至远高于低价时买入的冲动，当然，随之而来的错判率也会越高。

再狂热的牛市终会有终结的一天，由于以上几种常见的现象所产生的误判，也难免使得下跌更“腥风血雨”。提示风险与泡沫的存在，应当是专业投资者在泡沫破裂前最关注也是最应做的。但是赚钱往往是大多数市场参与者唯一关注的问题，凌驾于理性及专业之上。

拿锤者，盯着眼前的一枚钉子很难顾全大局。因此，芒格建议以寻求投资顾问的方式，对自己可能存在的误判加以纠正。他同时也建议，即使这样，也应该对于经济市场的基本原理了解一二，抛开短期暴涨暴跌的表现，以更多维度来审视自己的投资。

---

① 巴甫洛夫实验理论：即“条件反射实验”。

频繁交易：收益的“隐形杀手”

笔者曾经看过一个非常精彩的标题：“我是如何成功选中一个当年收益超40%的产品，并且亏掉1 000元的。”

选对了基金还亏钱，只能说明你的交易“姿势”不对。

“低买高卖”是许多投资者信奉的投资策略，在市场大幅震荡的时候尤其如此。即便不是天生的投机客，看到市场上存在赚取差价的空间，也往往跃跃欲试。

然而，笔者认为，由于基金本身的属性、机制和股票有着相当大的区别，即使开放式基金是允许随时申购、赎回，波段操作对绝大部分的投资者是不合适的，虽然我们希望基金可以陪伴持有人与上市公司、国家经济共同成长，长期为持有人带来稳定且可观的回报。

投资股票、投资基金大不同

在基金吧、股吧，甚至知乎里，我们都可以看到网友们自叹不擅长短线交易基金。笔者从基金与股票的机制、费用、风格等因素，为大家整理出投资股票和投资基金的差异，如下。

基金的交易成本更高

众所周知，基金的交易费用较股票交易费用高。以偏股型基金为例，成本包括认购（申购）费、赎回费，还有计入每日净值的管理费与托管费。而对于股票而言，交易成本一般有印花税（单边收取）、佣金（双向收取）、过户费（仅限沪市），且以万分之一为单位，见表3.1。基金较股票而言，成本种类和金额都相对较多。

表 3.1　股票和基金投资的交易成本对比

类别	名称	收取规则	费率
股票	印花税	卖出成交金额	万分之十
	过户费	买卖成交金额	每 1 000 股收取 1 元
	佣金	买卖成交金额	万分之二十 ~ 万分之三十
基金	管理费	必缴	0.1% ~2.2%
	托管费	必缴	0.05% ~0.35%
	销售服务费	部分基金产品收取	0 ~1.5%
	认购费	部分基金产品收取	0 ~2%
	赎回费	部分基金产品收取	0 ~2.5%

为了鼓励持有人长期持有基金，持有的周期越长，费率越低。我们在不少基金的合同中看到，持有 3 年以上的基金赎回费率为零。值得一提的是，基金赎回费的很大一部分将计入基金资产，这也意味着你付出的赎回费可能为其他持有人的收益做出了贡献。比如 2018 年 6 月，某债券型基金净值单日暴涨了 79%，原因是在持有人的巨额赎回下，赎回费计入了基金资产。而这类案例近年来多次发生，“某基金净值暴涨 50% +”已经不是新鲜事了。

涨跌趋势更难判断

由于基金中的股票、债券等持仓是变动的，使得单纯用基金的净值来试图寻找净值低位缺乏合理依据。比如，绩优基金在大跌行情中表现出了相当的抗跌性，由于选股优异而不跌反涨的情况时有发生，即便成功判断了市场的短期趋势，而基金的跌幅通常小于大盘，所以波段操作的获利空间有限。

季报会公布上一单季度末该基金十大重仓股票和债券的持仓情

况，基金持有人可以根据这些数据结合每天股票价格波动做出预测，这是一个较为有效预测单日基金涨跌幅的办法。但随着时间的推移，基金经理必然会对仓位做出调整，也因此我们总能看到基金净值波动与其前十大重仓股涨跌背离的情况发生。

一般来说，市场的调整会反复，经常会出现这样的情况：许多投资者自以为抄了底，回过头看其实是阶段性“天花板”；而真正的底部到来的时候，市场上弥漫着浓重的恐慌氛围，大多数投资者在这种情况下不敢进入。所以，所谓的“买点”和“卖点”都是稍纵即逝的，连专业的机构投资者都难以精准把握，何况普通投资者。

基金成交的滞后性

就算投资者精准抓住了“买点”和“抛点”，由于一般的场外基金申购和赎回周期比较长，都有可能错过最佳时点。举一个例子，在周五收盘后，你看到市场开始回暖，下午 3 点后下单准备入场，但实际上你的申购确认净值是下周一收盘后的价格，其间隔了周六、周日两天。除此外，赎回过程更长，除货币型基金以外，其他基金从赎回到资金到账通常要 3 ~ 7 个工作日。在市场波动大时，资金回到账户，交易者似有一种“错过好几个亿”的感觉。

⊕ 拓展阅读

股市到底是正和游戏还是负和游戏?

博弈论中有一种理论叫“零和游戏”，是指博弈对峙中，一方赢而另一方输，双方总成绩永远为零。经济生活中，“零和游戏”

就是赢家的盈利金额等于输家的亏损金额，这样的博弈比比皆是。同样地，“正和游戏”意味着双方总成绩为正。而“负和游戏”中，亏损方的亏损程度超过了另一方的盈利程度。

有关股市交易是“负和游戏”还是“正和游戏”的争论一直没有停息。“正和游戏”派的支持者认为股票交易的背后价值是投资者对社会经济增长和企业盈利的预期，这种价值在长期中是不断增长的，交易的过程不仅仅是赢家赚了输家的损失。相反，“负和游戏”的支持者认为，由于A股市场换手率高于海外市场，短期抛开股价波动因素，两位可配合的频繁交易对手之间就是一种“零和游戏”。再加之交易中印花税、佣金、手续费等费用的产生，结果甚至是“负和游戏”。

近几年A股市场的参与者到底有没有赚钱呢？2017年沪深两市市值增长超5.94万亿元，以中国结算网2017年年末1.34亿投资者来计算，平均人均盈利超4.43万元。但人均盈利不等于人人赚钱，从同花顺的数据统计来看，该平台上2017年实现正收益的投资者不到四成，仅占总用户的36%。也怪不得各家论坛总能看到普通投资者“拖市场后腿”和“被大佬平均”的吐槽，股市中真正赚到钱的通常是那些专业投资机构和上市公司自身。

而从个股上涨情况来看，A股市场3 000多只股票2017年涨幅为正的股票数量仅约700只，[①] 比例刚过两成。这也意味着市场参与者忽视股票的长期价值而单纯在股市中与交易对手短期博弈，有75%的可能性面临损失。此外，2017年中国证券交易印花税收入达1 069亿元，券商佣金总收入达858亿元，平均每位投资者单年承担交易成本就达1 438元。短期内，原本已是“零

① 这已剔除上市未满一年的次新股。

和游戏”的股票交易博弈，少部分人赚了多数人的钱，再加上高昂的游戏成本，这也成了一场“负和游戏”。虽然上述仅是从基础数据中粗略估算，笔者也希望这能对广大的普通参与者有所提醒。

知易行难，长期投资的正确姿势

任何优秀公司的成长都需要时间，正如罗马不是一天建成的，微软也不是一天成功的，因此，长期投资要买入并长期持有那些价值被低估并且有竞争优势的公司的股票。换言之，好公司也需要时间发酵，这正是长期投资的根本原因。

任何一种具体投资策略都有其适用范围和适用阶段，并不是万能的。而且我们应该坚决摒弃盲目被动的长期投资，而提倡积极主动的长期投资。

长期投资的道理说起来非常简单，但知易行难，在投资实践中如何具体操作绝不是一件轻松的事情。毕竟巴菲特只有一个，普通老百姓通过几本书或者一点儿网络知识就认为已经理解了长期投资的真谛，简单套用或者盲目信奉都是错误的。对于一般的投资者而言，树立正确的长期投资理念只是第一步，接下来还有很多事情需要我们知晓并去做。

首先，也是最重要的，投资者一定要确保自己买的产品值得长期投资。即使你自认是一个投资高手，也需要随时跟踪你投资的公司动态，观察其是否发生了一些根本性变化，或者股价是否透支了合理价值。如果你没有能力像投资大师一样确保能筛选出优秀的公司，将资金投入一个值得信任的基金公司是一个不错的选择。当然，这不等于说你就不需要做其他事情，定期观察这家基金公司是否值得长期信任也是必要的功课。

其次，投资者要降低长期投资的收益预期，不能“神化”长期投资的平均收益。国内的投资者被2007年、2009年、2015年的几次牛市宠坏了，动辄要求投资的股票涨几倍，至少翻番。如果你告诉他们每年10%～20%的预期收益率已经是一个较高的水平，他们可能不以为然。在美国和中国香港股市曾经的黄金岁月中，股指同样出现惊人涨幅，但年均复合收益率其实并不高。巴菲特在2008年给股东的信中是这样告诫投资者的：“整个20世纪道琼斯指数从66点涨到11 497点，这个增长幅度看上去很大，但换算成每年的复合收益率，不过5.3%。”巴菲特还特别强调，“在本世纪（21世纪），想从股市中赚到10%的年收益率的人，他们的如意算盘是2%的年收益率来自分红、8%来自股价上涨，但这无异于他们在预计2100年道琼斯指数会在2 400万点的水平！”这是多么疯狂而不可相信的事情。香港在1964—1997年的34年中，股指从100点最高达到近17 000点，其年均复合收益率也只接近17%。

最后，投资者应合理规划投资期限和投入资金。理论上，买入一只好股票是可以获利的，只要企业发展长期趋势是好的，时间就可以“熨平”股价的短期波动，但最终时间可能是10年，也可能是20年，甚至更长。但正如凯恩斯（Keynes）所言，“长期我们都死了”，未来是不确定和难以预测的，而我们的投资却有相对固定的目标期限。你如果要急于用某笔钱，那么这笔钱绝对不适合长期投资。比如你规划10年后用一些钱，那么如果遇到一次类似日本的经济衰退期，就算是20年的长期投资期，这笔投资仍然是失败的；而如果你在1929年美国市场的高点进入股市，需要煎熬25年，才能收回本金。因此，我们应尽量避免一次性把所有的钱都用于长期投资，更不能采用高杠杆进行长期投资，以确保当需要用钱或者还钱而不得不套现时，却卖在低点上。除非投资所需资金是要留给子孙所用，否则我们应该尽量用闲钱进行长期投资，从而避免因为投资而影响生活其他所需。

拓展阅读

查理·芒格的“坐等投资法”

人一生中能遇到多少次好的投资机会？10 次，100 次，还是 1 000 次？巴菲特的黄金搭档、投资大师查理·芒格对此并不乐观。1994 年 4 月 14 日，当芒格在南加州大学马歇尔商学院（*USC's Marshall School of Bussiness*）做主题为“论基本的、普世的智慧，及其与投资管理和商业的关系”的演讲时，曾向在座所有听众说：“你们有谁能够非常自信地认为自己看准了 56 个好机会呢？请举手，有多少人能够比较有把握地认为自己看准了两三个好机会呢？陈词完毕。”

这场演讲给听众带来了不小触动。在芒格的传记《穷查理宝典——查理·芒格的智慧箴言录》里面有这样的内容，南加州大学金融系的一个学生在听完演讲后有感而发：“我认为芒格的演讲非常出色，当他说人的一生只有 20 次投资机会时，我真的被这句话吸引住了。这种观点改变了我对投资的看法，原来投资更像结婚而不是约会。也许牢牢记住那篇讲稿的道理之后，我能够更有把握地保证我的投资项目都是好的。”

为什么芒格认为好的投资机会并不多呢？首先，即便非常聪明的人，在如此激烈竞争的世界里，在与其他聪明勤奋的人竞争时，也只能得到少数真正有价值的投资机会。其次，它不需要太多。芒格多次提到，伯克希尔－哈撒韦大部分的钱都是由10个最好的机会带来的，它就算不投资其他项目，也会非常富裕——那些钱两辈子都花不完。

这样的投资智慧让芒格和他的搭档巴菲特总是寻找那些不用动脑筋也知道能赚钱的机会。“正如巴菲特和我经常说的，我们跨不过约2米高的栏。我们寻找的是那些约0.3米高的、对面有丰厚回报的栏。所以我们成功的诀窍是去做一些简单的事情而不是去解决难题。”芒格说。

事实上，这种“耐心等待一记好球”的投资方式，正契合查理·芒格未雨绸缪、富有耐心、严以律己和不偏不倚的基本指导原则。在坚守这些原则的前提下，他不仅崇尚等待好机会的耐心和勇气，更不喜欢频繁地买卖。和巴菲特相同，芒格认为，只要通过几次决定便能造就成功的投资生涯。所以，当查理喜欢一家企业的时候，他会下非常大的赌注，而且通常会长时间地持有该企业的股票。这被查理称为“坐等投资法”，他点明这种方法的好处：“你付给交易员的费用更少，听到的废话也更少，如果这种方法生效，税务系统每年会给你一些‘额外回报’。”

数据说话，基金持有多久能赚钱

投资是一场长跑，这一点毋庸置疑。然而，就主动管理的权益型基金而言，“长期持有”究竟是多久？半年，1年，还是5年、10年？我们从主动管理型权益类产品的历史“赚钱概率”来一探究竟。

探讨赚钱概率，可以从两个维度分析，一是多久能赚到钱，二是赚多少钱。

基金具体持有多久可以提高赚钱的概率[1]？我们以中证混合基金指数作为研究标的，看持有周期与赚钱概率的关系，如图 3.3 所示。

可以肯定的是，基金的持有时间越长，赚钱概率越高：持有 8 ~ 10 年的基金赚钱概率为 100%。近两年市场常有“基金赚钱、基民不赚钱”的说法，很重要的一个原因便是持有基金的时间不够长。

我们在得出 8 年及以上正收益概率为 100% 的结论以后，还有一个问题：获取高收益的概率有多少呢？同样以中证混合基金指数作为跟踪标的，持有不同周期基金和高收益的概率如图 3.4、图 3.5 和图 3.6 所示。

虽然可选取的时间样本较少，我们 A 股市场尚有很长的路要走，但也确实符合了一定的规律。

首先，无论是赚钱的概率，还是获取较高收益的概率，8 年都是一个较为明显的标志。追求稳健增长，8 年及以上或许可以被解读为“长期投资”的具体持有周期。

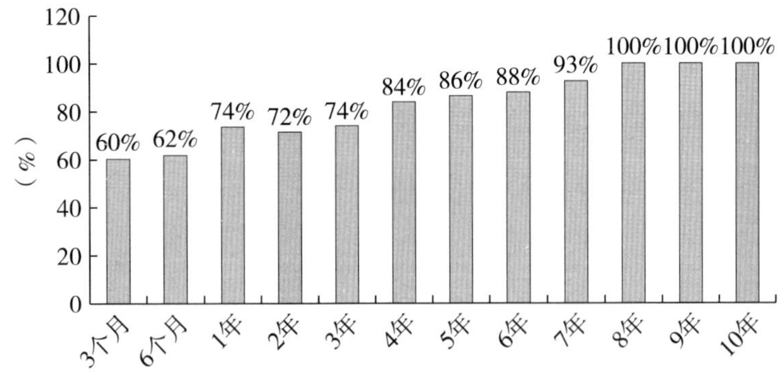

图 3.3　基金持有周期与赚钱概率

资料来源：万得资讯，2006 年 6 月 1 日至 2018 年 7 月 20 日。

---

① 赚钱的概率：即综合收益率大于零。

其次，如果8年及以上太久，3~5年或许也是可以布局的配置周期。在获取8%甚至10%的年化收益率时，6~7年均呈现回落的态势，而3~5年不仅大半概率能赚到钱，且与5%相比，8%是较高年化收益率。当然，中期的基金配置时点选择也很重要，模糊正确的择时，也比在高位配置的投资结果好得多。

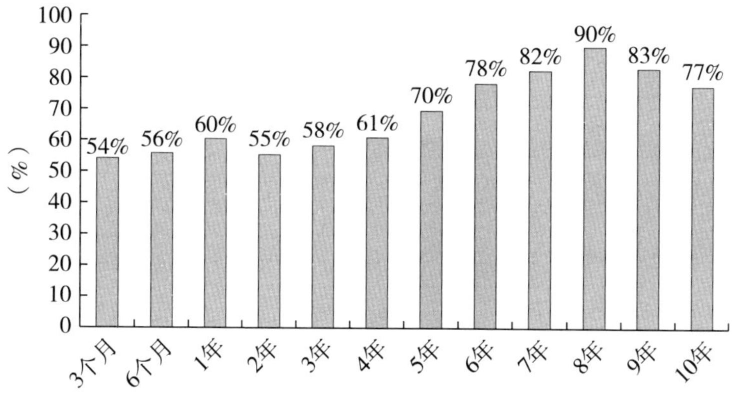

图3.4　追求年化收益率≥5%与持有周期的关系

资料来源：万得资讯，2006年6月1日至2018年7月20日。

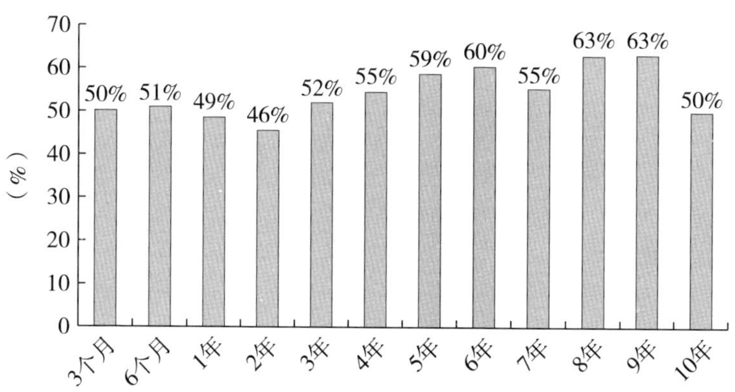

图3.5　追求年化收益率≥8%与持有周期的关系

资料来源：万得资讯，2006年6月1日至2018年7月20日。

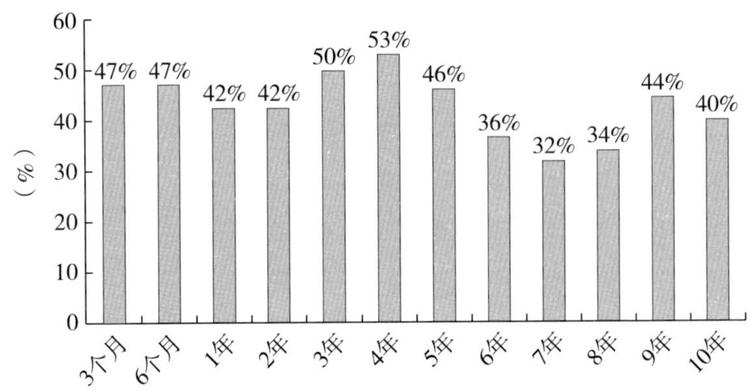

图 3.6　追求年化收益率≥10%与持有周期的关系

资料来源：万得资讯，2006 年 6 月 1 日至 2018 年 7 月 20 日。

最后，短期持有虽然有不小的胜率可以获取较高收益率，但也意味着较高的亏损风险。风险和收益的平衡木上，追求相近高收益的时候，承受亏损的概率当然是越小越好。持有 8 年以上与持有 1 年获得 10% 的年化收益率的概率相差不多，但是持有 8 年亏损的概率为 0，加上复利的神奇威力，所以与其博弈市场的短期波动，不如追求市场长期的确定性收益。

随着经济环境的变化、A 股市场的逐渐成熟，未来基金产品的年化收益率可能发生变化，但投资的时间魅力恐怕会一直存在。所以，我们应该给市场多一点儿时间，给基金多一些期待。

拓展阅读

如何踏实享受长跑基金的收益?

怎样买基金才能踏实享受收益？不少投资者可能选择短期排名靠前的基金进行投资，但这是正确的投资方式吗？

做一个简单的统计就会发现，短期排名领先的基金投资收益往往很难延续。根据万得资讯的数据，2013 年排名前 5% 的 57 只基金在 2014—2016 年每年都位于前 1/3 的仅有 5 只，另有 15 只基金出现了某一年掉队到后 1/10 的情况。这就是“赢者诅咒”现象，多年保持领先优势的短跑冠军少之又少。

根据 2014—2016 年 3 年的业绩，我们发现年化收益率在 20% 以上的基金多达 376 只，占全部基金数量的 28.4%。也就是说，虽然每年排名都保持前列的基金凤毛麟角，但超过 1/4 的基金都是中、长跑表现不错的选手。从概率上来说，你买的基金收益不够好，很可能并不是运气太差的原因，而是持有的时间太短。很多投资者在基金出现收益不佳的情况就不再持有，往往也就放弃了实现长跑收益的机会。

长跑冠军的一大特点就是，虽然未必每年都保持前 10 甚至是前 1/10，但能平衡好风险和收益，即使少数年份落后，也能取得优秀的长期业绩。这是因为长跑基金的业绩主要依靠的是优秀的选股能力，通过价值投资实现收益的方式也与追热点式的投机很不一样。价值投资实现收益往往需要一定的时间，市场不可能长期漠视一个企业的成功。

究竟怎样才能选到优秀的长跑基金呢？首先，投资者可以参考专业的第三方评级，权威的评级机构包括晨星、银河证券、海通证券、上海证券、济安金信等。评级指标往往统计的是 3 年、5 年的业绩表现，具有很高的参考价值。其次，3 ~ 5 年的投资收益率也是重要指标，这比过去 1 年或 1 个季度的增长率更有价值。最后，投资者通过夏普比率比较风险调整后的收益，一般来说，夏普比率越高，投资组合越佳。

要踏实享受业绩增长，择“基”只是一方面，坚持长期持有是另一个重要策略。投资者一旦选定了基金，就需要保持耐心，坚持投资策略，拒绝情绪干扰。很多人都说持股最难的是心态，其实持基也一样。价值投资其实是“逆人性”的，需要投资者摆脱追涨杀跌的“惯性”，做到在别人贪婪时恐惧，在别人恐惧时贪婪。投资者持有或卖出一只基金，不能仅凭一时的心情或市场一时的涨跌情况。

长跑基金既然以长期业绩为目标，投资者也就可以保持同样的步调和节奏，制订 5 年、10 年或以上的定投计划，避免错过分享长跑基金优秀收益的机会。通过基金定投持有长跑基金是不错的选择，基金定投在基金净值变动时能自动调整买入份额，从而平滑风险、积少成多。投资者如果想要踏实享受收益，就要有冷静的理财心态、坚决执行理财规划，做理性的投资者。

打赢投资心理战：好的投资理念是一份减肥食谱

> 投资者情绪转变之迅速达到令人难以置信的程度，甚至即使事实根本没有任何改变。投资者不断地在 3 种情绪之间变化：担心害怕、扬扬得意、灰心丧气。投资的窍门不是要学会相信自己内心的感觉，而是要约束自己不去理会内心的感觉。只要公司的基本面没有根本的变化，你就应该一直持有你手中的标的。
>
> ——彼得 · 林奇

美国证券界的传奇基金经理彼得 · 林奇曾经自嘲说，每当他演讲完毕，总有人站起来问他牛市行情是否会持续下去，或者熊市是否已经露出它狰狞的面目。而他总是回答说：“我所知道的有关股市预测的唯一规则就是——每次我得到提升，股市就会下跌。”但马上就会有其他人站起来问他，下一次提升是在什么时候。

实际上，大部分投资者对预测股指涨跌的困难也深有体会，正如投资者对价值投资、长期投资、定投等科学的投资理念并不陌生，不过，简单的账面损失或者收益却总会让投资者忍不住怀疑自己的投资选择。

“一个好的投资理念就像一份好的减肥食谱”，被评为“华尔街最有影响力的人之一”、美国职业投资家迈克尔·莫布森（Michael Mauboussin）形象地比喻说，这意味着只有将好的投资理念时时铭记于心，同时又能不懈地坚持，最终它才能发挥真正的价值。

在迈克尔·莫布森看来，好的投资理念的共同之处有3点：其一，在任何一个存在不确定性的领域中，我们都需要把注意力集中在决策的过程中，而不是紧紧盯住短期的结果；其二，我们应以长期观念看待问题；其三，我们要把概率方式融入投资过程中。心理学告诉我们，在人的心理体系中，判断概率事件的模块经常会出现一些小问题，而合理的投资理念却可以帮助我们弥补这些过失，从而增加长期投资成功的概率。

不过，正如减肥一样，如果不严谨、没有耐心，也未必能够如愿以偿。美国前财政部长罗伯特·鲁宾（Robert Rubin）2001年在哈佛商学院的开学典礼上就曾经表示，就个别决策而言，即便是缺乏深思熟虑的决策也依然有可能成功，而那些经过再三思考的投资决策却有可能以失败告终，因为失败的可能性在任何时候都是存在的。但是，随着时间的推移，更成熟的投资决策注定会造就更出色的整体业绩，而这样的决策往往来自对过程而不是结果的评价。

鲁宾认为，这并不是说结果不重要，相反，它的价值和重要性人尽皆知。但是，单纯注重结果会妨碍我们为了做出正确的决策而去承担必要的风险。对于投资者而言，收获一个好的投资理念，更有助于在长期的投资过程中受益。

管理好你的投资恐惧

投资总与贪婪、恐惧结伴，因为人们对损失的反应比获得更为剧烈，使得恐惧有时比贪婪更为失控，正因如此，管理自己的恐惧是投资之旅的重要一课。

投资中最常面临的恐惧无非有三：

首先，恐惧投资亏损。

投资伊始，很多投资者会一定程度上低估自己对投资亏损的恐惧，但亏损一旦发生，心理压力就会被加速放大，乃至成为一种煎熬。正因如此，对于投资亏损的恐惧管理，最好在投资开始之前就开始——闲钱投资、控制仓位、分散投资品种都是管理亏损恐惧的好途径。投资者在自己可以接受的范围内投资，才能夜夜安枕。

其次，恐惧离场。

如果亏损已经发生，那么关于是否离场的选择就至关重要。投资者对于离场的恐惧分为两种：一种是获利不愿了结，另一种是亏损不愿离场。很多案例都表明，后者的恐惧比前者要大得多，心理账户的亏损和情感投资往往会极大影响投资者的选择，以至于亏损越多，放手越难。

这种依托沉没成本决策的行为在生活中也有很多，比如为了对得起电影票，宁可浪费时间也要坚持把无聊的电影看完；为了不浪费饭菜，宁可撑得难受也要把饭菜吃完……甚至包括脸书（Facebook）的著名游戏《开心农场》。有文章称，数千万的用户坚持不懈地玩这款游戏，同样是因为对所付出的时间、精力的损失厌恶而被沉没成本套牢，与持久的吸引力和“乐趣”无关。

但投资需要按照企业的未来价值做出冷静决策，亏损发生时，应评估所投企业的基本面和未来发展是否会出现重大变化，理清自己的投资逻辑进而做出理性决策，才是避免被沉没成本套牢的明智之举。

最后，恐惧错失市场机会。

投资的另一大考验在于市场上的机会总是稍纵即逝，让投资者总忍不住发出“假如当时买入或卖出，如今情形大不同”这样的感叹，以至于有时为了怕错失机会而轻率出手，犯下让自己后悔的投资错误。但正如投资大师查理·芒格反复强调的，不要投资自己不懂的东西且明确自己的能力圈，赚自己能够理解的钱，才能在投资中走得更长远。

投资是个人财富增值和对抗通胀的重要方式，但投资之路并不平坦，投资者会遇到种种坎坷，并经受磨砺，而恐惧是投资旅程中最大的敌人之一。正如巴菲特所说的，要“在别人恐惧时贪婪”。逃避恐惧往往无济于事，正确管理投资恐惧，才是战胜恐惧的利器。

摆脱情绪的影响：盯牢基金投资的“仪表板”

投资中我们会受到各种因素的影响，如市场的情绪、专家的研判、朋友的消息或者前一天市场的走势，你如何做出判断呢？靠直觉，问专家，还是根据数据？

中国台湾大学教授刘顺仁在其著作《财报是一本故事书》中提到过一个有趣的例子：台大高级工商管理硕士（EMBA）学员中有一位卓越的飞行员，个人驾驶 F104 战斗机的总飞行时数超过 1 000 小时，全世界都罕有人保持这种纪录，因为 F104 虽然非常适合高速全力的攻击，但低速操作的安全性极差，失事率比一般战斗机要高很多，素有“铁棺材”及“寡妇机”之称。在分享成功经验时，他说：“在天气、气候不佳的时候，飞行员的直觉往往是错误的。受生理错觉影响，飞机明明是倒着飞，飞行员可能感觉是正着飞；飞机下面明明是海洋，飞行员可能感觉是天空。”因此，“在飞行中，要相信你的仪表板”。

越是复杂的天气，飞行员越要克服本能的驱使，相信仪表板显示的数字，才能做出正确的判断。而如同天气状况困扰飞行员一样，投资中的很多因素也正像是“气候”一样影响着投资者：当市场上充满了看多或者看空的声音，你会随波逐流还是逆向思维？你手里的基金在过去1个月中表现平平，你会不会立刻质疑自己的选择？当你的亲朋好友都在劝你买入某只投资产品时，你会不会听他们的呢？

实际上，我们依据直觉或情绪来做判断往往有一定的规律可循，因为我们常常依据某类事情是否容易被想起来以判断该类事情发生的概率，比如近期发生的事情更容易被提取——所以上个月的业绩冠军似乎比去年的更有吸引力。更多的情绪卷入也会使记忆更加深刻，所以朋友或者客户经理的建议更容易说服我们。此外，报纸或网站的头条新闻更容易影响我们，一个例子胜过千万数据。与综合性的统计数据相比，少量的生动描述对我们产生的影响更大。心理学将这些常见的误区称为“易得性直觉”。正因如此，投资中的直觉和情绪也往往是靠不住的，如同飞行员驾驶飞机一样，我们需要“仪表板”来提示我们理性的信息。

什么是基金投资的仪表板呢？本书第二章有很多因素值得参考。在仪表板数据的基础上，若基金没有发生投资风格的巨大转化，基本上不影响我们对基金产品的判断。

拓展阅读

投资与“钝感力”

许多人可能并没有意识到，迟钝有时并不一定是件坏事。日本知名作家渡边淳一在其最新畅销书中提出了一个新名词——钝感力。从字面上看，它可以直译成“迟钝的力量”。

在《钝感力》中文版的序中，集医生与作家两种身份于一体的渡边淳一写道：“钝感虽然有时给人以迟钝、木讷的负面印象，但却是我们赢得美好生活的手段和智慧。”渡边淳一告诫现代人，“钝感”不是迟钝，而是对周围的一切排除干扰、勇往直前的态度。人们拥有迟钝而坚强的生活态度，就不会因为一些琐碎小事而产生情绪波动。这种迟钝的顽强意志，就是人们得以生存在现代的力量。

这个规则在动物界中表现得淋漓尽致。越是强大的动物，越是安详、迟钝，就像非洲大草原上的狮子、大象，都是吃得好，睡得着，怡然自得；而越是弱小的动物，越容易被惊着，它们连睡觉时都要睁一只眼睛。

在投资中也是如此，面对跌宕起伏的市场，人们往往会反应过度，在市场上涨时过度自信，在股市下跌时过度惊恐：市场上稍有风吹草动，流言四起，投资者就立刻改变自己的投资路线；逢到重大利好、利空政策出台，更是紧张不已。在这种情况下，许多投资者会选择跟从所谓的主流观点，陷入盲目的狂躁情绪之中，使得过度反应的市场趋势日益强化，最终导致的是盛衰现象的发生。在投资大师索罗斯的投资理论中，很重要的一点就是发掘过度反应的市场，跟踪市场在形成偏差趋势后，自我推进加强，最终走向极端的过程，其中的转折点往往是获得巨大利益的投资良机。

其实，渡边淳一所倡导的“钝感力”和中国的“难得糊涂”的处世哲学有相通之处。它强调的是一种耐力和定力，在繁复的社会变化中保持置身事外的悠然，以看似“无为”的外表对抗外界波动。相反，过于敏感、急躁，也许只是一种本能的、随大流的机械反应，对于投资来说，也是大忌。

远离“傲慢与偏见”

如果和市场打个赌，你觉得自己胜算有多少？许多人觉得自己比市场高明，比市场中的大部分人聪明，即盲目偏见和过度自信是许多投资者常有的心理状态，但有时你却为此付出了惨痛的代价。

西格尔的投资经典著作——《股史风云话投资》中记录了两个由于“偏见”导致的严重投资失误。1914 年一战爆发，美国人认为这将引起金融危机，所以纽交所关闭了 5 个月。但之后的情形是，当时的美国成了欧洲的武器供应商，经济一片繁荣，1915 年成为其股市历史上最好的年份之一。到了 1939 年，德国入侵波兰，二战一触即发，投资者回想起一战时期股市的表现，于是疯狂购入股票，促使股价在第二个交易日上涨 7%。但这次投资者又错了，罗斯福（Roosevelt）决定这一次不让企业像一战时那样大发战争财，股市上涨一天之后随即陷入严重的熊市，这轮熊市持续了 6 年才恢复到 1939 年 9 月的水平。很显然，两次世界大战并不是人们认为的有相似情况。

“对市场要保持敬畏之心”，市场“是怎样”和“会怎样”，永远比“应该怎样”重要。作为投资者，需要经常应对不能完全理解的一切。接受市场，比试图和市场“博弈”要明智。

即便是巴菲特，也会因为“傲慢与偏见”导致投资失误。伯克希尔－哈撒韦，这个如今听上去“里程碑”一样的名字，已经成为世界著名的保险和多元化投资集团，但巴菲特当初买下它的时候，只想赚点儿钱就离开的。

1964 年，伯克希尔－哈撒韦是一家濒临倒闭的纺织公司，其下属的纺织工厂纷纷倒闭，巴菲特买了还未倒闭的几家工厂的股票，原准备在工厂倒闭后卖给公司。此后，伯克希尔打算回购巴菲特手中所持的股票。巴菲特开价 11.50 美元，而伯克希尔只愿意出 11.38 美元。0.12 美元的差价让巴菲特极其恼火，他决定不出售手中股票并疯狂购买伯克希尔－哈撒韦的股份，在获得控股权后，巴菲特着手重组伯克希尔，“炒了”公司首席执行官（CEO）斯坦顿（Stanton）先生以报当初之仇，但依然无法改变纺织行业江河日下的形势。多年后，巴菲特也为当时的意气用事后悔不已。“我把一大笔钱投到纺织这个不景气的行业，伯克希尔－哈撒韦根本没挣到什么钱，一年又一年，年年如此”。他在接受美国全国广播公司财经频道（CNBC）采访时甚至无奈地表示，如果当初买下的是一家保险公司，那么公司现在的价值将是伯克希尔－哈撒韦的两倍。

如何成为“聪明的投资者”

比尔·盖茨（Bill Gates）曾向巴菲特请教，如何才能成为一个成功的投资者，被告知的与他多年来向其他人咨询投资技巧时被告知的一样，那就是去读本杰明·格雷厄姆的著作。其中，巴菲特最推崇的就是出版于 1949 年的《聪明的投资者》，这本时隔近 70 年的投资经典著作至今被奉为投资学“圣经”。时代在变，市场在变，投资品种在变，交易变得越来越复杂，但人性不变。

什么样的投资者才是“聪明的投资者”？格雷厄姆在书中有明确的定义：要有耐心，要有约束，渴望学习；能驾驭自己的情绪；

能够自我反省。这与其说是表现在智力方面，不如说是表现在性格方面。

其中，驾驭自己的情绪是非常重要但常被忽视的一点，归根到底，任何投资的价值都是而且必定永远是依靠买入的价格，而不是市场上的热度。格雷厄姆在书中特别提到了牛顿（Newton）折戟于“南海泡沫”的例子。1720 年，南海公司（South Sea Company）的股票成为全英国最火的股票，投资者纷纷购入，超过半数以上的参议员参与其中，就连当时的国王也认购了价值 10 万英镑的股票。股票价格从 1720 年 1 月的每股 128 英镑飙升到 7 月份的每股 1 000 英镑以上，6 个月涨幅高达 700%。牛顿当时持有这只股票，并已经获利 100%，总计 7 000 英镑，但在市场狂热情绪的感染下，他又以高价买回这只股票，最终赔了 20 000 英镑（换算成现在的货币价值相当于 300 万美元）离场。牛顿感叹：“我能计算出天体的运行轨迹，却难以预料人们会如此疯狂。”这件事对牛顿打击很大，他一生不允许任何人在他面前提到“南海”二字。而格雷厄姆点评牛顿在股市中的表现也是相当不留情面：“牛顿与聪明的投资者还有很大的差距，这位世界上最伟大的科学家的行为就像是一个傻瓜的行为。”

在格雷厄姆的理论中有几个经典的比喻，包括“市场先生”“旅鼠”，还有“钟摆”。市场就像一只钟摆，永远在短命的乐观和不合理的悲观之间摆动。聪明的投资者一定是善于利用这种“钟摆效应”的人，“他们是现实主义者，他们向乐观主义者卖出股票，并从悲观主义者手中买进股票”。

300 多年过去了，类似“南海泡沫”这样的疯狂仍然以各种各样的形式在资本市场中上演，“钟摆”也始终在股市的上空来回摇摆，格雷厄姆的经典理论依然“铿锵有力”。据不完全统计，在中国，有七成股民都处于亏损状态，是所谓的“一赚二平七赔”的不公平投资基金模式。我们如何成为那少数的“一成”？静下心来，读读格雷厄姆的书吧。

拓展阅读

伟大投资者的特质

著名投资人马克·塞勒尔（Mark Seller）曾经做过一次名为《你无法成为巴菲特》（You Can't be Warren Buffett）的著名演讲，演讲对象是哈佛大学的工商管理硕士（MBA），他明确而严肃地对着底下的精英们“泼冷水”，指出他们其中绝少人有可能成为投资大师，因为大部分人不具有投资大师“难以复制的竞争优势”。

这听上去确实有点儿打击人，但你可以沉下心来从马克·塞勒尔的论述中按图索骥。马克·塞勒尔所言的“难以复制的竞争优势”中并不包括市场上流行的准入门槛，不包括顶尖高校工商管理学位、博士学位、注册会计师（CPA）等数十种学位或者资质，也不包括大量的阅读、经验。因为“优势”在马克·塞勒尔看来，有可能在达到一定的累积量以后会边际效应递减。

更让人无奈的是，马克·塞勒尔认为“优势”几乎是一种天赋，一旦成年了就无法再培养了。它与一些心理学因素有关，而心理学因素是深植入人的大脑里的，即使我们阅读大量书籍也无法改变，这才是成就一个伟大投资者的真正“护城河”。

《通向财务自由之路》（*Trade Your Way to Financial Freedom*）一书的作者范·撒普（Van Tharp）博士也认为，交易有3个组成元素：心理状态（情绪控制）、资金管理和系统开发（交易方法）。其中，心理状态是最重要的，大概占60%；其次是资金管理/头寸确定，大概占30%；而系统开发是最不重要的，只约占10%。

马克·塞勒尔所说的能成就伟大投资者的“护城河”包括7种特质：在他人恐慌时果断买入股票，而在他人盲目乐观时卖掉股票的能力；极度着迷于投资这个游戏，并有着极强的获胜欲；从过去所犯错误中吸取教训的强烈意愿；基于常识的与生俱来的风险嗅觉；对自己的想法怀有绝对的信心，即使在面对批评的时候；左右脑都擅长运用；即使大起大落，丝毫不改变投资思路的能力，这是最重要同时最少见的特质。

巴菲特7岁时向周围人预告未来将成为超级富翁，8岁开始阅读家中的股票书籍，11岁开始买卖股票，19岁拜在格雷厄姆门下，26岁成立自己的公司，开始代客理财，并宣布如果没有在30岁以前成为百万富翁，就从奥马哈最高的建筑物上跳下去。其不一般的路径已经向世人展示了其过人的投资天赋。在“识人”方面，投资大师似乎达成了某种共识。巴菲特强调接班人要有3个重要的特质：一是独立思考，二是情绪稳定，三是对人性和机构的行为特点有敏锐的洞察力。这些言简意赅的特质似乎只可意会无法言传，没法量化，也没办法用学历证书来衡量，却是投资中最为重要的品质，因为市场其实是一门行为科学。

基金套住了怎么办

> 如果投资者自己因为所持证券价格不合理下跌而盲目跟风或过度担忧的话，那么，他就不可思议地把自己的基本优势转变成了基本劣势。
>
> ——本杰明·格雷厄姆

你有没有过这种感受，当你的投资赚了20%的时候，你的心情很好，感觉天上终于掉下了馅饼，随时可以卖掉基金兑现盈利，还可以顺便好好犒劳一下自己；然而当你的投资亏了20%的时候，你的心情非常沉重，认为只要不卖出这只产品，那么亏损就永远不是真实发生的，而且早晚有一天会赚回来。

贪婪和恐惧是人的本能，在5 000点的时候贪婪，在2 800点的时候恐惧，这是多数投资者的本能反应。尤其在现在的市场环境中，大盘每一次震荡调整都考验着投资者的心理底线。当投资资产天天缩水时，投资者便备感煎熬。

当股市处于下跌行情时，作为从业人员，被身边朋友、家人问到的最多的问题就是：现在应该怎么办？该不该“割肉”，能不能补仓？在这一部分，我们将着重讨论基金亏损时，投资者应该具有的理性分析和决定，希望对投资者未来的理财投资有所帮助。

拓展阅读

巴菲特说永远不要亏钱，他还说了别怕跌吗？

巴菲特的精彩语录有很多，其中流传最广的一句是：投资第一原则是永远不要亏钱，第二条原则是永远不要忘记第一条原则。

这句话好理解，也被很多投资者视为圭臬，有点儿类似我们的老古话“留得青山在，不怕没柴烧”。

很多投资者都在努力保住青山好砍柴，但是青山面积始终在缩小，想砍柴的时候青山面积已所剩无几了，甚至连山都消失殆尽。没关系，股神巴菲特还说了，“我们做的是长期投资，短期一两年的市场走势是可能背离价值的”。换句话说，就是“不要介意短期亏损”！

为什么这种前后矛盾的话会出自股神巴菲特之口呢？难道他已经沦为“股评家”了吗？

答案显然不是。巴菲特说投资的要义是不亏钱，很多人会说那别投资就行了，永远不会亏损。这种做法无异于因噎废食。在巴菲特看来，多数人眼中“股票资产的风险”其实并不是风险，而是股价的正常波动，实际上是最安全的；而大众眼中最安全的现金，尽管没有波动却将面临很大的风险——长期丧失购买力。这一切的元凶就是通货膨胀。所以投资的本质就是“现在将购买力让渡给他人，合理期待未来支付名义收益税率后，仍能获得更高的购买力”。从这个角度而言，不投资已经亏损。

所以一切的关键回到了如何投资，巴菲特是一个典型的价值投资者，而价值投资者在做投资的时候有一个很重要的特点，就是买入股票的时候首先考虑的是股价，确切地说就是股价与其内在价值相比是否已经进入一个值得投资的区域；其次考虑的是买入时间。

价值投资者喜欢在市场下跌时买入股票，但是我们都知道市场下跌时建仓难免会有账面盈亏。2008 年 9 月 23 日，当巴菲特宣布购入高盛集团（Goldman Sachs）50 亿美元永续优先股时，当时的高盛集团股价在 125 美元以上，而巴菲特签约的普通股可转换价为 115 美元。可是没过多久，高盛集团股价就暴跌，与巴菲特买入时相比已经跌去一大半，离 115 美元的普通股可转换价甚远。但是在巴菲特看来，这些都是暂时的账面浮亏，从长期投资的角度看根本不需要介意。

隐藏在这背后的，是一个很多人忽略的逻辑。市场以及部分投资标的短期的表现，实际上是报价的结果，就好像一群人在投票，最终情绪影响资金走势产生了涨跌。但是在一个更长的时间段中，市场则会回归其称重机的职能。从长期看，股票价格会遵从价值的原则，并趋向于其真正价值的定价。

巴菲特说不要介意短期亏损，是因为他的多数投资都是长期价值投资。但是不可否认的一点是，长期价值投资的关键是深入研究，寻找那些真正意义上的成长空间，市场定价严重偏离价值的标的，否则短期亏损可能就变成长期亏损了。而巴菲特的持股时间，其实就是投资标的价格回归内在价值的过程。

震荡行情，不妨清点一下自己的投资

震荡市中，许多投资者总会坐立不安，“赚钱没有以前容易了”是投资者在震荡市最大的感受。在这种情况下，有多少投资者能够做到心中有底呢？投资大师巴菲特曾经告诫投资者，那些无法做到在自己所持股票损失 50% 后仍坚决持股不动的投资者，就不要投资股票。股市有风险，入市需谨慎，本来就是入市投资的第一课。

巴菲特在当年来到中国的时候就曾表示：他不依据宏观因素，比如国内生产总值（GDP）等来做投资决定，而是从公司本身考虑，即公司发展如何，治理如何，管理模式如何，员工合作精神如何。巴菲特认为，有很多公司对自身目标都不清楚。当然，很少有公司非常清楚自己的目标，而他就是投资那些很清楚自己要干什么、有很好的管理团队、有很好的服务客户理念的公司。

而基金公司等主流机构对市场一贯秉承的理念正是“价值投资”，而价值投资的精髓是所投资公司是一家什么样的企业。“把自己当作企业经理人一样投资上市公司”，正是诸多基金公司奉行的投资理念。

实际上，投资基金也是一样的道理。基金公司的投研实力、公司文化以及对待投资者的态度等，都值得投资者细细甄选。此外，从业绩表现来看，仅仅关注基金公司在一个阶段的净值增长是不够的，作为一种长期投资品种，基金的长期收益情况才更值得看重。

某基金研究机构对全市场基金的业绩持续性进行了量化分析，发现在不同市场环境中，基金排名持续性也表现出不同的特征，这是不少投资者容易忽视的。分析将市场环境分为“跨越牛熊周期”、“震荡调整市”和“上升的市场”3 种情况。

比较下来，在持续调整的市场环境中，基金业绩更容易保持持续性，因此，调整市场中的基金业绩排名较具有参考价值，而在其他的市场环境中，基金以往的排名并不一定能对未来形成较好的指导。基金业中常常出现“铁打的排名，流水的明星”的现象，即前一年还是排行榜上的“常客”，后一年就“风光不再”了。而在跨越牛熊周期中，投资者更应该关注排名落后的基金。结果显示，跨越牛熊周期时往往有这种情况：胜出的基金不能继续胜出，但失败的基金持续失败的概率则较大，“这可能是由于在市场环境发生根本转折时，表现较差的基金并不能抓住时机改变业绩，而表现较好的基金则由于调整不及时而导致业绩下滑”。在这种情况下，投资者尤其需要对排名垫底的基金保持警觉。

不仅如此，投资者对基金的观察期不能太短。过短的观察期不能完全体现管理团队的投资实力，研究显示，观察期为季度，基金业绩能持续战胜平均水平的比例最低。晨星公司的一位分析师指出，要求基金经理的业绩时刻都在同类前列并不现实，而投资者仅依靠短期业绩追逐热门基金也可能误入歧途。基金经理稳定是长期业绩稳定的良好保证，也是投资者关注的重点。

一位资深业内人士称，如果一只基金能够在市场上涨的时候名列涨幅前 1/3 阵营，而在市场下跌的时候名列抗跌前 1/3 阵营，并以这样的业绩维持 2 到 3 年，其整体投资实力肯定在所有同类基金中名列前茅，他会毫不犹豫地把钱交给该基金来管理。这个检验投资基金的标准，也可作为投资者的参考。

如何区分亏损是“短期波动”还是“止损信号”

股民对投资有这样一种感悟：刚开始投资会亏两次，一次是“抄底”，另一次还是“抄底”。的确，市场波动常有，即使是市场上最赚钱的基金产品也一定不会一帆风顺。对于投资者来说，基金亏损并不可怕，可怕的是盲目“赎回止损”或“加仓追涨”，这可能让你的疼痛再加深一层。那我们如何区分基金是“短期波动”还是“止损信号”呢？

基金亏损，需关注基金经理投资水平而非下跌幅度

为便于理解，业内通常对投资组合收益用以下公式区分市场因素和人为因素：投资收益 = α 收益 + β 系数 × 市场平均收益率。α 收益可以简单理解为基金经理选择的股票和行业所带来的主动收益，而 β 收益就是基金经理跟踪市场涨跌而带来的被动收益部分。我们时常可以看到优秀的基金经理在市场下跌中的主动收益部分为正，也能看到牛市中表现不错的基金其主动收益部分为负。因此，基金亏损时，我们首先还是要拆分出基金经理主动投资的水平。

最简单的方式，我们可以比较同期基金和市场综指或其业绩

基准的表现。如果基金虽然亏损，但还跑赢了市场综指或业绩基准，投资者可以不用太担心，下跌因素只是市场不太给力罢了，比你更心疼的投资者大有人在。相反，如果基金表现跑输了业绩基准，投资者需要对基金表现谨慎关注再做决定。此外，基金表现可与同期同类基金做比较，评估基金经理在全行业专业投资者中的表现，这个考察要求比前者高。当然，如果基金表现在同类前 1/2，说明基金经理的表现令人较满意，但如果长期排名始终位居行业末端，我们建议持有人忍痛“割肉”，重新选择一位基金经理。当然，最直观的基金 α 收益与 β 收益也可以通过晨星网等专业第三方权威机构查询到，这些机构对于基金和基金经理都有更深的剖析。

市场波动天天有，哪天没有才可怕

评估了基金经理投资水平后，我们还需关注市场因素。这些年，市场上涌现了不少主题性基金，从互联网到 5G（第 5 代移动通信技术）到医药，几乎涵盖所有热点板块，而且几乎都是每一时段表现最强的基金。但是这些板块到底是昙花一现还是持续向好，还需要持有人谨慎把握。这不禁让我们想到了曾经的申万活跃股指数，它的编制规则是每周换手率最高的前 100 家公司股票作为成分股计算指数涨跌幅，而这些股票通常都是大热主题股票。结局怎样呢？发布了 18 年后，其跌幅 99%，停止编制了。对于基金投资者，踩中市场热点是一件幸运的事情，但更担心在此之后该热点“人走茶凉”。如果是由于热点流失导致的投资亏损，我们建议持有人不要再苦苦等待。

有时候，基金表现不佳是由基金经理对市场“水土不服”导致的，这方面我们在之前谈论过。我们建议持有人在较长时间段里，观察基金管理人历史表现再做出决策。此外，有时股票由于海外市场因素出现暴跌的情况，也相应影响到基金净值的回撤。作为从业人员，建议持有人对基金“踩雷”问题不必太过于担忧。通常，基金管理公司对股票标的的选择非常谨慎且跟踪频繁，“踩雷”有时仅是市场对股票某些负面因素的过分反应，且基金公司一般会有充分的预案并及时应对。如果一只基金短期内“踩雷”频发并严重影响到了基金的持续表现，那么持有人就该考虑一下是否自己真的买了“踩雷主题基金”。

除了基金因素外，亏损时应该反过来审视自己

对于投资者来说，应始终清楚了解自己投资的初衷和目的，了解自己到底买了什么。不同目的的投资都应该有不同的最大可承受波动水平，且是否与自己的初衷和理念背离，及时反省并调整，才能帮助自己在投资这条路上越走越远。

有这样一句话“靠运气赚的钱，也终会因运气而失去”，投资出现亏损是我们都不想看到的，但亏损已经出现，我们还是应该先冷静地分析其中的原因。即使我们最终忍痛“割肉”，也胜过在糊涂中继续站岗。知“基”知己，百战不殆。

拓展阅读

股市大跌，也许是“拔掉野草种鲜花”的绝佳机会

彼得·林奇曾经说过：“我根本无法预测何时会发生股市暴跌，而且据我所知，和我一起参加巴伦投资圆桌会议（Barron’s Investment Roundtable）的其他投资专家也无法预测，那么何以幻想我们每个人都能够提前做好准备免受暴跌之灾呢?”巴菲特曾经说

过："我从来没有见过一个能够预测市场走势的人。"

事实上，巴菲特曾遇到过4次股市暴跌，其中3次标普500指数跌幅过半。在1987年10月19日的"黑色星期一"那天，标普500指数下跌20.47%，彼得·林奇管理的麦哲伦基金当天损失20亿美元，巴菲特损失了3.42亿美元，索罗斯也遭遇了其投资生涯的最大一次"滑铁卢"，所管理基金的净值在两周内下跌了32%。如果连投资界的传奇人物都坦言无法预测大跌，我们又何必苛求自己？所以如果你没有成功躲避大跌，也完全无须自责懊恼。

但是我们也可以看到，短期的大跌依旧挡不住他们创造长期业绩的神话，从巴菲特接管伯克希尔开始，其每股净资产在53年内年均增长19%；麦哲伦基金在彼得·林奇管理的13年间，投资总收益涨了29倍，年平均复合收益率达到29%，如图3.7所示。

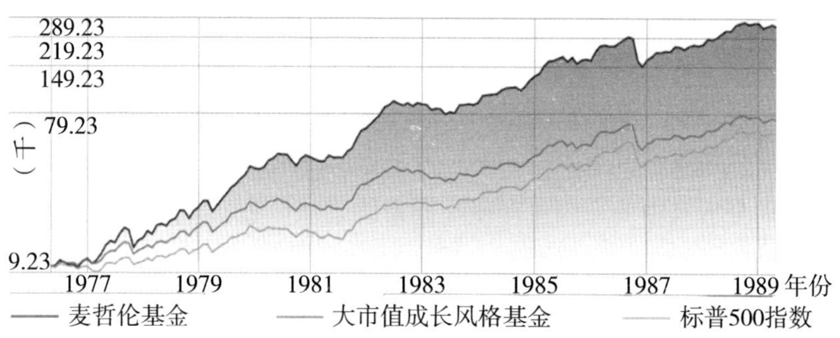

图3.7 麦哲伦基金在彼得·林奇管理期间业绩走势

资料来源：晨星资讯，1977年5月1日至1990年5月1日。

大跌真的可怕至极吗

一个很简单的道理：一件东西，100元钱的时候大家争着要买，当它跌到10元钱的时候，东西本身没有发生变化，大家却都不想要了。如果它100元钱的时候你喜欢它，那10元钱的时候应该更喜欢，并且毫不犹豫买入才对。同样，在股市中，杀跌心理非常普遍，但其实是缺乏理性的。彼得·林奇认为，那些在股市里亏损的或者赚不到钱的人，都是被股市大跌给吓跑的。

市场的大幅下跌确实让人胆战心惊，毕竟我们看到账户上的巨额损失时，很难不把它当回事。但投资并非一次性任务，而是一个持续不断的过程。股市也并非永远停留在那根大阴线（Line），后续还有更多剧情要演绎。

彼得·林奇在回顾历史上的40次大跌后得出结论："公司的质地不会因为股价的涨跌而发生变化，所以股市大跌其实是好事，让我们又有一次好机会，以很低的价格买入那些优质公司的股票。很多时候，我发现了一家好公司，却发现股价太高，我会等待，等股价调整到一个合适的买点再进场，股市的大跌正好提供了这样一个契机。"

股市大跌一般有两种情形：一是估值过高，比如2008年、2009年和2015年，大跌都发生在前期快速上涨的牛市助长了资产泡沫后，这类下跌往往持续久、幅度大，投资者遇到这种情形时要谨慎；二是整体估值并不高，但大家预期非常悲观，担忧经济变得更差，比如2012年和2018上半年，但如果我们相信，长期来看经济一定会增长，那就不应该对短期调整太过焦虑，较低的估值提供了安全垫，而下跌以后的价格也让优质公司的股票变得更有吸引力。A股整体估值如图3.8所示。

大跌时应该怎么应对

面对股市大跌，巴菲特说："我就像一个非常好色的小伙子来到了女儿国，因为投资的时候到了。"于是，他选择从容出手，大胆买入，甚至跌得越狠，"抄底"越狠。

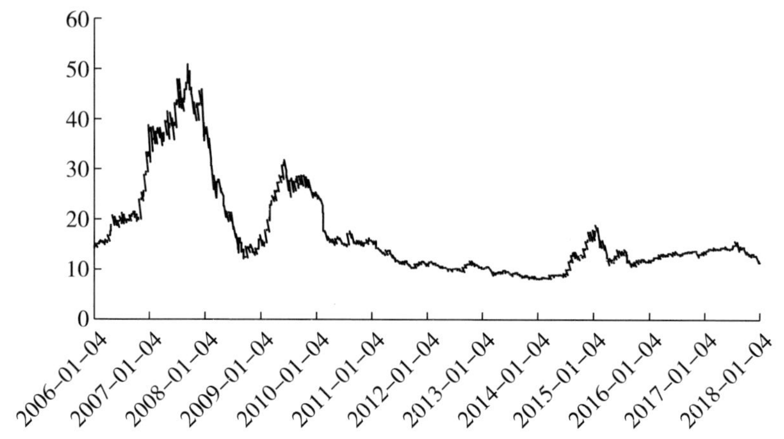

图 3.8　A 股整体估值

资料来源：万得资讯，2006 年 1 月 1 日至 2018 年 7 月 6 日。

我们看到，A 股市场不管经历多少次大跌或股灾，真正优质公司的股票最后都能涨回来，而且不断创新高。不管股市下跌 5% 还是 8%，优质公司最终总会胜利，而没有竞争力的公司股票可能在股价下跌后就回不来了，投资这两类完全不同公司的投资者将会得到完全不同的回报。

从 2007 年 10 月 16 日的历史高点到 2018 年 6 月末，上证综指在 10 多年间下跌了 50% 多。1 461 只在 2007 年 10 月 16 日已经上市的公司股票中，接近 45% 的股票是赚钱的。其中，有 258 只在此时间段内股价翻倍，409 只股票收益率超过 50%，占比约 28%。①

所以，面对大跌的时候，我们要做的不是仓皇逃窜，不是猜测明天是涨是跌，而是沉下心来，反思手中持有资产的质量。如果是优质的资产，可以放心持有，等待它创新高的一天；如果对它没有

① 资料来源：万得资讯，数据截至 2018 年 7 月 11 日。

信心，那还是应该趁早舍弃，重新寻找那些“物美价廉”的资产，因为此时其实是一个“拔掉野草种鲜花”的绝佳机会。

当然，我们还要学会等待，不要总指望着买入资产后第二天就涨。事实上，在股票投资中，我们常常是用20%的时间赚到80%的钱，剩余那80%的时间都是在蛰伏。在截至2018年6月30日的过去10年中，上证综指只上涨了4%。这10年经历了两轮牛市，分别是2008年11月至2009年9月上涨97%，2014年6月至2015年6月上涨138%，如图3.9所示。这两轮牛市加起来才不到两年的时间。

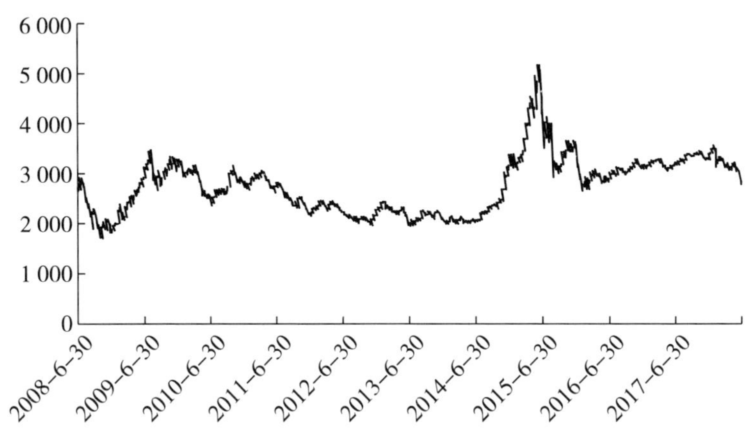

图3.9　上证综指走势

资料来源：万得资讯，2008年6月30日至2018年6月30日。

有人会问：为什么不等到那20%出现的时候再入场？因为没有人能预测到那20%的时间是什么时候，当你真正发现的时候，也许只剩10%的时间了。如果我们不能提前埋伏在股市中，等到牛市来临，再入市就有点儿晚了，很多人都是在牛市中后期才入市，不幸成为接牛市最后一棒的人。

心态最重要，决定结果的不是头脑而是毅力

在股市中，恐惧和贪婪是两种最容易大规模爆发的“传染病”，且会一再出现。巴菲特说：“这些流行病的发生时间却难以预料。由它们引起的市场价格与价值的严重偏离，无论是持续时间还是偏离程度也同样难以预测，因此我们永远不会试图去预测恐惧和贪婪任何一种情形的降临或离去。”巴菲特也坦言，他希望在弥漫着悲观主义的环境下投资，“不是因为我们喜欢悲观主义，而是我们喜欢由此而产生的价格，乐观主义是投资者的敌人”。

每当市场表现不佳，投资者最关心的问题就是，基金套住了，该不该“割肉”？能不能补仓？首先，我们应该保持冷静、独立思考，在控制风险的前提下，根据自己的仓位、性格和所买基金的表现做决定。其次，我们要学会等待，等待良机。在 2000 年网络科技股泡沫破裂后，巴菲特一直忍了 5 年才重新持大笔资金进入股市，他从来不会急于抢反弹，因为要的不是短线投机的小利，而是长期价值投资的大利，“只有资本市场极度低迷，整个企业界普遍感到悲观之时，获取非常丰厚回报的投资良机才会出现”。他还告诉投资者，如果投资股市的时候遇到大熊市，而在卖出时遇到大牛市的话，他的获利会非常可观。

“统计显示，如果你在 52 年里，每年的 1 月 31 日都定额投资 1 000 美元，52 年后，你所投资的 52 000 美元将会增值到 355 4227 美元。如果你够有勇气，可以在每次股市下跌超过 10% 后，再追加 1 000 美元。这 52 年中股市下跌 10% 以上共有 31 次，这样加上每年年初投资的 1 000 美元，你的总投资为 83 000 美元，经过 52 年后会增值到 6 295 000 美元。”彼得·林奇指出，如果执行一个定期定额投资计划，而且不管股市涨跌如何都始终坚持，你就会得到

丰厚的回报，而如果在大多数投资者吓得纷纷卖出股票时，你还有勇气再追加投资，你就会得到更加丰厚的回报。

许多投资者都把系统性崩盘看成是灭顶之灾，但彼得·林奇是这样理解的："每当我对目前的大局感到忧虑和失望时，我就会努力让自己关注更大的大局"，即以更长远的眼光来看股市，"在过去的 70 年里，市场曾发生过 40 次超过 10% 的大跌，其中有 13 次属于令人恐怖的暴跌，每当股市大跌，我对未来忧虑之时，我就会回忆过去历史上发生过的 40 次大跌，来安抚自己那颗有些恐惧的心，我告诉自己，大跌其实是好事，让我们又有一次好机会，以很低的价格买入那些很优秀的公司股票"。

同样，投资基金也是一场长跑。根据美国晨星公司统计，1926 年至 2003 年，美国股票型基金的平均年收益率为 10. 4%；2004 年，美国全部股票型基金的平均收益率为 12. 7%，被当时的媒体称为"暴利""大丰收"。可见在成熟的资本市场，长期稳定的收益才是基金投资的常态，年年翻番的高收益恐怕难以长久期待。

值得一提的是，长期投资不仅能让基民体会到复利的巨大优越性，也能够放大不同年份平均收益率的差异。举例来说，用 1 万元投资年平均收益率为 10% 的理财工具，20 年后将增值为 6. 12 万元；如年收益率为 7%，20 年后则有 3. 62 万元；如果年收益率为 2%，20 年后则仅有 1. 46 万元。

因而，要做一名"在长跑中获胜"的基民，则需要精心选择陪伴自己长跑的基金。在美国，全国基金规模的八成是那些存续期超过 10 年、业绩持续保持在前 1/2 的基金产品，那些中长期表现出色、少有"大起大落"的基金，更经得起时间的考验。

拓展阅读

“浮亏”究竟是不是“真亏”？

很多中小投资者都有一种严重的通病：股票小赚时迫不及待地落袋为安，而一旦被套牢却死捂不卖，最后往往是赚小钱亏大钱。套牢后死扛的心理依据常常是：只要没“割肉”，就不是真亏。但这种自我心理安慰其实是自欺欺人。

如果是过去的A股市场，投资者坚持等待下一轮牛市的到来，期望在炒作资金推动下，个股普涨，实现套牢股票的解套甚至获利还是相当有可能的。当然，这是非常被动的随波逐流，即便解套，之后很快就又可能在另一只股票中长期“站岗”。

随着股价越来越反映企业基本面，中国市场在走向成熟，如果从海外成熟市场的背景来看，这种盲目“捂股”的操作心理是很危险的。一个经营失败的企业，其股价将几乎不可能大幅回升，即使市场指数创新高，这类股票也永远回不到曾经的高点，这是成熟市场的普遍规律。更糟糕的是，股价的下跌还可能是无底洞。坚守失败的股票还将失去在其他股票上获利的机会，所以对企业基本面和价值缺乏把握能力的投资者来说，市场给出的价格其实是非常有效的，浮亏已经是真亏了，承认现实并在此基础上考虑下一步的对策要比视而不见的“鸵鸟式”策略好得多。

但是，对于专业的价值投资者来说，他们购买的股票也经常会处于套牢状态，但这种“浮亏”却不是“真亏”。巴菲特、霍华德·马克斯①（Howard Marks）等价值投资者都把“不要害怕股价下跌”奉

① 霍华德·马克斯：毕业于沃顿商学院，美国橡树资本创始人，被称为“顶尖的价值投资者”，他的投资业绩接近巴菲特，投资理念也与巴菲特相似。

为圭臬，甚至渴望价格大幅下跌以获得更低成本买入心仪股票的机会。对于巴菲特等价值投资者来说，价值是你得到的，而价格是你付出的，他们关注的是企业价值的变化而不是股市中价格的不断变化。

市场价格的剧烈变化被巴菲特形容为“得了躁狂抑郁症的市场先生”，他会充分利用这位“躁郁症患者”给出的不合理价格，不会认为“市场先生”显示出的账面浮亏是真亏。巴菲特的“不要亏钱，安全第一”的名言和他对心仪股票继续下跌的态度在很多人看来似乎有些矛盾，其实理解了他如何看待市场价格和价值就明白了，即实质在于“要区分正常波动和永久损失的风险，要避免永久的本金亏损”。

所以在“浮亏是不是真亏”这个问题上，我们有两种答案：对企业价值缺乏了解和把握的一般投资者，市场价格显示的“浮亏”是“真亏”；对专业的价值投资者来说，“浮亏”并不是“真亏”。当然，再专业的投资者也可能犯错，如果发现自己错了，而市场其实是对的，“浮亏”也一样就是“真亏”了。

重要的是，真诚认输一样是专业投资者的必备素质。

基金定投：无招胜有招

> 几乎人人都可以列出我们所传授的80%的交易规则，可是他们无法叫人在市场不稳定的时候如何坚守这些规则，因此，平静地执行交易规则，应该可以让你把握到历史以外的大部分行情。
>
> ——理查德·丹尼斯[①]（Richard Dennis）

---

① 理查德·丹尼斯：美国著名的期货交易手。

业内有一个真实案例：富兰克林·邓普顿基金集团（Franklin Templeton Investments）1997 年 6 月在泰国曾经推出过一只邓普顿泰国基金，管理该基金的基金经理是被《纽约时报》尊称为“新兴市场教父”的马克·莫比尔斯（Mark Mobile）博士。当时该基金的发行价为 10 美元。发行当日，一位看好泰国的客户开始了他为期 2 年定期定额投资计划，每个月固定投资 1 000 美元。

然而，就在这位客户买入邓普顿泰国基金的第 2 个月，亚洲金融风暴就爆发了。这只基金的净值随着泰国股票一同下跌，起初 10 美元的面值在 15 个月后变为 2.22 美元，陡然跌了约 80%。虽然后来净值有所提升，在客户为期 2 年的定期定额计划到期时，也只升到了 6.13 美元，如图 3.10 所示。从“择时”的角度讲，这位客户真是选了一个奇差无比的入场时机，不过倒不用急着去同情他，因为他为期 2 年的投资并未亏损，恰恰相反，收益率居然达到了 41%。

一个简单的算术法可以解释这位客户“奇迹”般的收益率：

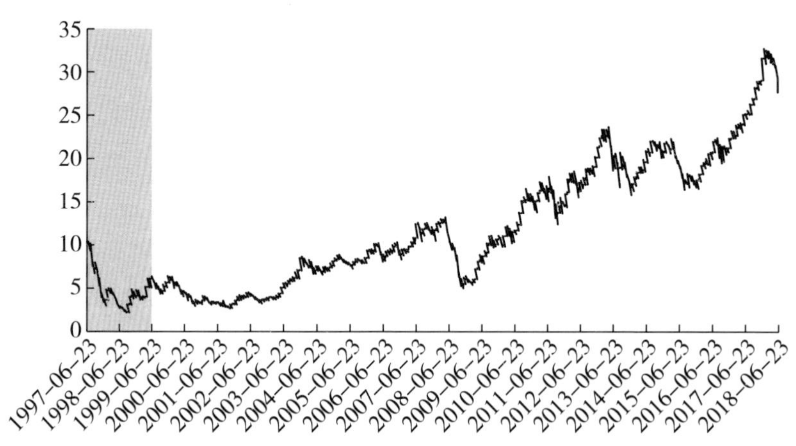

图 3.10　邓普顿泰国基金成立以来表现

注：标灰区域为两年定期定额投资计划时间。

资料来源：万得资讯，数据截至 2018 年 7 月 6 日。

每个月固定投资 1 000 美元，假设忽略手续费等费用因素，当基金面值 10 美元时，他获得的份额为 100 份，而当基金面值跌到 2. 22 美元时，他获得的份额大约是 450 份——基金面值越低，购入份额越多，因而在买入的总份额中，低价份额的比例会大于高价份额，因此平均成本会被摊薄。在经过 2 年的持续投资后，他的平均成本仅为 4 美元，不仅低于起始投资的面值 10 美元，也低于投资结束时的面值 6. 13 美元。

小贴士

什么是基金定投？

基金定投是定期定额投资基金的简称，是在固定的时间（如每月 8 日）以固定的金额（如 500 元）投资到指定的开放式基金中，类似于银行的零存整取方式。一般而言，基金的投资方式有两种，即单笔投资和定期定额。由于基金“定期定额”起点低、方式简单，所以它也被称为“小额投资计划”或“懒人投资”。

这就是定投的奥秘：不仅可以分散风险，更可以聚沙成塔，有效规避“择时”的难题，尤其适用于震荡行情。据了解，在海外成熟市场，有超过半数的家庭在投资基金时采用的是定期定额投资。我们将在这一节中为大家详细介绍这种被称为“懒人投资”的基金定投法，并为不同类型的投资者推荐最适合的定投方式。

无独有偶，同样的故事在中国 A 股市场也在发生，兴全基金产品业绩如图 3. 11 所示。

2018 年 7 月 6 日，上证综指收盘于 2 747 点，较该指数 3 年前的水平下跌超过 27%。然而，用上述相同的方式投资于兴全旗下 3 只基金，又是怎样的回报情况呢？经测算，兴全沪深 300 基金、兴全轻资产基金、兴全趋势基金，经过3年的定投计划，均取得了正回报，结果见表3.2。

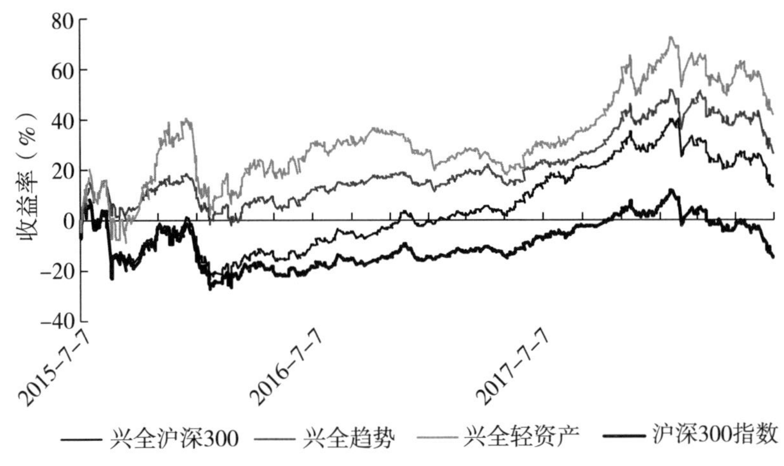

图3.11　兴全基金产品业绩

资料来源：万得资讯，数据截至2018年7月6日。

表3.2　基金定投收益率

	基金	兴全沪深300基金	兴全轻资产基金	兴全趋势基金
定投3年	期间定投简单收益率	11.04%	9.63%	6.27%
	同期同类排名	2/35	55/334	19/126

注：1. 同期同类排名：按照银河证券的分类，将产品所属类型的基金，测算其定投收益率后进行排名对比。

2. 基金模拟定投业务与计算规则：

①周定投和月定投的规则：周定投的固定定投日为每周周一，月定投的固定定投日为每月第一天，如遇节假日自动后延，直到取到净值数据。基金成立的当周作为第一个定投周，成立日期就是第一个定投周的定投日；基金成立的当月作为第一个定投月，成立日期就是第一个定投月的定投日。

②计算逻辑：计算每笔定投从定投日到计算截止日的期间收益率，然后汇总所有的定投笔数，计算出过去1年、2年、3年的简单算术收益率。具体公式为：定投收益率 = ∑(每笔定投收益率 + 1)/(定投笔数) − 1。

③计算周期：底层系统每天计算截至T−1日的数据，持续滚动计算。

资料来源：中国银河证券基金研究中心，数据截至2018年7月6日。

“躺着”理财投资——基金定投

基金定投是指在一定的时间间隔下，以预设的金额申购某只基金产品的投资方式，如图 3.12 所示。华尔街流传一句话：“要在市场中准确地踩点入市，比在空中接住一把飞刀更难。”而基金定投分散了择时风险，省力省心，甚至被称为“懒人投资”。

图 3.12　基金定投的投资方式

均摊买入成本，平抑风险

由于基金定投是定时定额投资，相较于一次性投资而言，能够随着市场的波动以不同的成本进行投资。当申购相同金额的基金时，基金定投“逢低增加申购份额、逢高减少申购份额”的机制，能通过市场的波动有效降低持有基金份额的成本，减少投资风险。尤其在震荡市场中，一次性投资就存在买在阶段“高点”的风险，而基金定投则可平滑成本。

当市场单边下跌时，损失会小于单笔投资，而在之后市场回暖后它以较低成本而享受更高回报。因此，无论市场价格如何变化，只要市场波动存在，基金定投就可以在基金净值较低时获得较多的基金份额，起到平抑市场波动、分散择时风险的效果。

克服人性弱点，拒绝追涨杀跌

老子《道德经》中有云“动善时”，意为行动要善于把握时机，短短3个字，意味深远。但现实中，追涨杀跌是广大投资者最实际的投资表现。基金定投可以让投资者不用过多考虑市场涨跌，轻松帮助投资者克服市场起伏时的心理压力，有规律地打败人性弱点，让投资行为更理性。

市场上正在兴起一股“智能定投”之风，通过在不同时段增加或减少扣款金额，如在基金下跌后增加投资份额，上涨时减少投资份额控制择时风险，在避免投资者主动追涨杀跌的同时期待在市场反转时实现超过普通定投收益的目标。

亲民低门槛，省心还省力

基金定投门槛通常都较低，投资者可以运用每周、每月或每季的闲置资金进行中长期的小额投资，资金压力较低，尤其市场上不少基金销售渠道定投的最低单笔申购金额仅为10元。通过长时间的坚持，我们让小资金有望累积成大财富。

此外，基金定投只需首次设定投资日期、投资金额和投资基金，后期操作不需投资者太多费心。因此，省力省心省时的基金定投也被称为“懒人投资”。对于没有太多时间关注基金的上班族以及没有太多基金投资经验的投资者，基金定投提供了一种简单易行的投资方式。投资者不用每天做功课，心情也不会随着大盘一起“坐过山车”。当然，这种投资方式需要着眼于长期，因而尤为适合中长期目标的投资，如子女教育金、养老金等。

当然，什么样的投资者适合定投，还需要投资者根据自己的资金能力、风险承受能力以及投资规划目标做出判断。

拓展阅读

妙手难觅，俗手易行

曾有一篇文章，讲述16岁就夺得世界冠军的韩国棋手李昌镐的获胜法则：不同于其他选手，他从不在比赛中追求高效行棋、一招制胜的妙手，相反，每手棋他只求51%的效率，获胜的过程少了一份精彩。这种相对平庸的手法被称为“俗手”。

51%的效率，意味着循序渐进、从容冷静地攻守兼顾。1%看似微不足道，但二三百手一局棋，对手难以不露马脚。当然，更难得的是，李昌镐持续地掌握这1%的火候而让对手无隙可乘。不求胜而自胜是俗手法则的精髓所在。

俗手法则同样也适用于投资。巴菲特曾说过复利和时间是其投资最主要的推动力，追求价值投资的他并不会把追求很高的当期回报或无限未来憧憬作为择股投资方向。也因为这样，他在20世纪90年代末的互联网泡沫中并未购入相关股票，整整被市场嘲笑3年之久。相反，持续稳定的获利是他主要的择股标准，看似平淡，却是他持续战胜市场的原因所在。

相反，因做空按揭贷款证券狂赚37亿美元而被誉为“华尔街最灵敏猎豹”的对冲基金经理保尔森（Paulson），2011年至2013年间在欧债、黄金等不同领域急于复制原有的对赌经验，在时间和对象都不确定的情况下，依旧执着且盲目地“对赌”着。成功不会轻易被复制，他掌舵的保尔森基金公司（Paulson & Co）在2011年规模峰值达359.8亿美元，后连续重挫并缩水六成之多。加之又陷入与高盛合谋的“欺诈门”事件，保尔森名气依旧，口碑却不如从前。

《孙子兵法》中所说的“善战者，立于不败之地，而不失敌之败也”，其实也是同样的道理，找到足够的安全边际，比抓住一只牛股更重要。巴菲特也说过，投资最重要的底线是不亏损，我们要建立合理的安全底线而缓图之，静待玫瑰绽放。然而投资者往往根据自己主观判断，臆测市场未来走向，盲目地追涨杀跌于“单品爆款”的牛股产品，而那些不温不火却长期跑赢的“不倒翁”基金产品却无人问津。

反观2008年与2015年的市场行情，力图实现利益最大化往往成为广大投资者最盲目的目标，无论市场如何警示，投资者都难免不陷入追涨杀跌的怪圈。用51%的效率进攻，49%防守，首先要将自己立于不败之地，不论是投资还是战争，都是第一要诀。

一夜暴富只是投资者的“一场春梦”，现实中投资更像是一种漫长修行。市场震荡不定，更需投资者放宽心态选择“俗手”投资，不要希冀妙手回春，“俗”就“俗”吧，赢在最后才是硬道理。

人生不同阶段，定投皆有用武之地

经常在微信公众号后台收到这样的留言：

“我刚大学毕业，月薪才5 000元，适不适合定投呢?”

“我对金融一窍不通，定投到底靠谱吗?”

其实，无论是刚步入职场的青年人，还是为退休生活谋划的中年人，仅需要选择一款合适的基金并设置合适的定投金额和扣款时间，便可以了。

首先，刚步入职场、每月“月光”的年轻人，用定投“开源节流”再合适不过。

“开源节流”是一般人理财的需求，而对于大手大脚、入不敷出的“月光族”而言，“节流”正是当务之急。基金定投尤为适合这类投资者投资的起步——不仅具有强制储蓄、降低生活成本的效果，而且门槛较低，每个月 300 到 500 元就可以轻松投资，长期投资下来往往有意想不到的回报，可谓一举两得。

其次，有子女教育金、退休养老金等长期投资目标的投资者也是定投的受益者。

基金定投是一种长期投资方式，往往需要持之以恒来获取理想回报，因而是拥有长期投资目标的投资者之首选。对于拥有子女教育金、退休养老金等明确目标的投资者，在设定扣款金额时，还可采用“倒推法”。举例来说，如果投资者目前 25 岁，准备 15 年后为子女准备好 30 万元的教育基金，那么从现在开始投资，以年平均收益率 12% 来计算，只需每个月投资 600 元即可达成。

最后，缺乏专业投资能力的投资小白也最爱这种“懒人投资”。

定投基金之所以被称为“懒人投资”或“傻瓜投资”，主要是因为其具有“熨平”市场波动的效果，即在基金净值高时买到的份额数少，净值低时买到的份额数多，从而摊平风险，让投资者在一定程度上忽略市场指数的起起落落，达到轻松投资的效果。

如同武侠小说中的高手一样，基金投资的高手大部分也并非依靠复杂的招数和频繁的操作取胜，相反，定投这种简单易操作的投资方式，倒颇有“无招胜有招，摘叶当飞镖”的意味，让没有时间投资和欠缺投资知识的人也能加入基金投资的队伍。

需要注意的是，定投并非包赚不赔，和单笔投资一样，定投同样会受到市场风险的冲击。但是在时间的考验下，我们会发现，相对于单笔投资而言，定投抵御市场波动风险的能力更强。

这样定投，你的收益会更高

对于基金定投，相信大家已经有了足够的了解，在开始投资之前，我们针对以下几个问题整理出答案，希望对大家有所帮助。

定投分红选现金还是红利再投资

公募基金因产品类型和基金经理操作风格的不同，会时不时有分红的情况。对于选择定投来投资基金的投资者来说，在设置定投规则的时候应该选择现金分红还是红利再投资呢？

我们知道，对于基金分红，一般来说如果不看好后市，或者短期有现金使用需求的客户，选择现金分红比较合适；而价值投资者、短期没有现金使用需求、调整期较看好后市的客户，选择红利再投资也许更好。不过这是基本原理，经过牛熊市后，它们的实际对比情况如何呢？

我们使用天天基金网的定投计算器，选择了两只成立较早的老牌基金 A 和 B。选择标准是有足够的数据比较 3 年、5 年、10 年期的不同表现，分红次数超过 5 次。定投额度是每月 1 000 元，定投日期是每月 28 日，定投起始时间是产品成立第一个月的 28 日（若成立日在当月 28 日及以后，则选取成立日下一个月的 28 日为起始日），申购费率为 1.5%。

我们分别比较 3 年、5 年、10 年期内“现金分红”和“红利再投资”的收益情况。首先是号称“现金奶牛”的 A 基金，自成立以来已经累计分红 52 次，累计每 10 份派发红利金额 25.35 元，见表 3.3、表 3.4 和表 3.5。

表 3.3　A 基金采取不同方式定投 3 年收益情况

定投总数	投入总资本（元）	分红方式	期末总资产（元）	定投收益率
36 期	36 000.00	红利再投	44 561.06	23.78%
定投总数	投入总资本（元）	分红方式	期末总资产（元）	定投收益率
36 期	36 000.00	现金分红	44 387.89	23.30%

资料来源：天天基金网、定投计算器。

表 3.4　A 基金采取不同方式定投 5 年收益情况

定投总数	投入总资本（元）	分红方式	期末总资产（元）	定投收益率
60 期	60 000.00	红利再投	87 261.23	45.44%
定投总数	投入总资本（元）	分红方式	期末总资产（元）	定投收益率
60 期	60 000.00	现金分红	86 177.26	43.63%

资料来源：天天基金网、定投计算器。

表 3.5　A 基金采取不同方式定投 10 年收益情况

定投总数	投入总资本（元）	分红方式	期末总资产（元）	定投收益率
120 期	120 000.00	红利再投	214 021.92	78.35%
定投总数	投入总资本（元）	分红方式	期末总资产（元）	定投收益率
120 期	120 000.00	现金分红	194 946.65	62.46%

资料来源：天天基金网、定投计算器。

接下来，我们再来看 B 基金的表现，这只基金自成立以来累计分红 9 次，每 10 份派发红利金额 6.43 元，见表 3.6、表 3.7 和表 3.8。

表 3.6　B 基金采取不同方式定投 3 年收益情况

定投总数	投入总资本（元）	分红方式	期末总资产（元）	定投收益率
36 期	36 000.00	红利再投	50 263.53	39.62%
定投总数	投入总资本（元）	分红方式	期末总资产（元）	定投收益率
36 期	36 000.00	现金分红	49 389.84	37.19%

资料来源：天天基金网、定投计算器。

表 3.7 B 基金采取不同方式定投 5 年收益情况

定投总数	投入总资本（元）	分红方式	期末总资产（元）	定投收益率
60 期	60 000.00	红利再投	100 920.29	68.20%
定投总数	投入总资本（元）	分红方式	期末总资产（元）	定投收益率
60 期	60 000.00	现金分红	98 042.85	63.40%

资料来源：天天基金网、定投计算器。

表 3.8 B 基金采取不同方式定投 10 年收益情况

定投总数	投入总资本（元）	分红方式	期末总资产（元）	定投收益率
120 期	120 000.00	红利再投	241 798.28	101.50%
定投总数	投入总资本（元）	分红方式	期末总资产（元）	定投收益率
120 期	120 000.00	现金分红	219 034.57	82.53%

资料来源：天天基金网、定投计算器。

我们发现，这两只基金通过红利再投资的方式进行定投，比现金分红方式能够获得更高的收益，且这种收益差距随着定投时间的增加而增加。

从另一个角度来说，定投本来就是一种懒人投资的方式，如果因为对后市走向的预期而选择现金分红或红利再投资，其实也蕴含了“择时”这一因素，这与定投自身的投资哲学也就不相符了。我们不如索性选择红利再投资，让时间的玫瑰绽放更多的花朵。

小贴士

什么是“红利再投资”？

红利再投资是指基金进行现金分红时，基金持有人将分红所得的现金以当天基金价格直接购买基金，增加持有基金的份额。

价值平均法：为你的定投收益锦上添花

在这里，我们教给大家一个新定投方法。这个定投方法叫价值平均法，简单来说，就是让基金市值在每个定投期①增长固定的额度。

我们选择了一只成立时间较长的 A 基金，假设对该基金进行月定投，每个月投资 1 000 元；第 2 个月总回报预期增加至 2 000 元；第 3 个月到 3 000 元……以此类推，在每次扣款的时候根据基金净值情况动态调整。比如第 2 个月涨了 200 元，那么为了达到 2 000 元的总额，只需购买 800 元的基金。第 3 个月假设基金亏损至 1 800 元，那么为了达到 3 000 元，则应购买 1 200 元的基金。如果第 4 个月已经超过了 4 000 元，则可以不投入本金。

这种投资的方法严格意义上来说算是动态定投，已经不是每月 1 000 元的傻瓜定投，但究竟能否提高收益率呢？我们接下来就用 A 基金来试试。A 基金不同定投方式收益情况见表 3. 9。

表 3. 9　A 基金不同定投方式收益情况

定投期	定投方式	定投收益率	效益率提升	投入本金	收益
3 年	简单定投	34. 74%	33. 33%	37 000. 00	12 852. 52
	价值平均定投	46. 32%		26 333. 94	12 196. 83
5 年	简单定投	78. 05%	40. 20%	61 000. 00	47 608. 44
	价值平均定投	109. 46%		33 397. 94	36 557. 69

注：1. 简单定投：①资料来源：银河证券，2013 年 3 月 1 日至 2018 年 3 月 2 日。②定投方式：月定投。③每期定投日：2 日。④每期定投金额：1 000 元。⑤不含申购费。

2. 价值平均定投：①资料来源：智投星网，2013 年 3 月 1 日至 2018 年 3 月 2 日。②每期市值增加额：1 000 元。③不含申购费。

---

① 定投期：周定投是每周，月定投是每月。

通过测算，我们发现3年和5年期，价值平均定投比简单定投的收益率分别提升了33.33%和40.2%。这种定投方式比简单定投更加考验人性，跌得多则买得更多，涨得多则买得更少，甚至要酌情收手，但从收益率来看，还是值得的。

注意，回过头来我们也发现，尽管价值平均定投提升了收益率，但是期末账户总金额却减少了。换言之，本金投得少了，期末账户总金额相比简单定投来说，就会减少。

由此可见，不同的定投方式各有优劣，也适合不同目标类型的基金投资者：为了长期获得更多账户投资总额的投资者，可以考虑选择一只过往中长期业绩优异的基金并采用简单定投的方式；而追求账户投资收益率的投资者，可以考虑对同样的基金选择价值平均定投的方式。

而对于大多数投资者来说，这两种定投的方式，是投资的不同角度，实际操作中当然也可以分账户结合操作。

第四章

买基金有哪些“坑”

基金投资过程中，投资者时常会面临困惑，本章主要针对投资者的一些常见误区做解答。

买基金如何稳赚不亏——关于基金投资的基本误解

买基金能一夜暴富吗

随着大家的理财意识越来越高，基金作为一种灵活的理财工具正在被更多的人接受。但同时，也有一些投资者对基金的定位出现了偏差，把购买基金看作一种“发财方式”而非“投资手段”，希望通过投资基金实现一夜暴富、财务自由。比如有些职场新人为了快速提升自己的消费力，把为数不多的工资全部押在高风险的股票型基金上，这种赌博式的心态不仅不利于财富的积累，还很有可能因为亏损影响到正常生活。

大家之所以会有基金可以实现一夜暴富的想法，主要是因为2007 年、2015 年等大牛市的影响，毕竟当时很多基金赚得盆满钵满，很多人因此看到了一夜暴富的可能性。2006 年全市场的股票型和混合型基金年均收益率达到 113%，业绩最好的基金收益率有183%，最差的也有 28%。2007 年的数据就更加惊人了，股票型和混合型基金年均收益率为 119%，业绩最好的达到 226%，最差的也有 42%。也就是说，这两年投资者闭着眼睛买基金都可以赚很多，还有很高的概率能资产翻倍。这段疯狂的行情，使得本来对基金比较谨慎的投资者开始对基金青睐和追捧。

但问题是，这种让人心惊肉跳的快牛行情你能遇到几次？即使真的遇上，你能在最高点的时候意识到那已经是山峰，但你能保证自己在后续的暴跌前全身而退吗？上述那些涨幅惊人的基金，在接下来的 2008 年平均跌了 50%。

“投资”和“发财”是有明显区别的，投资有明确的目标，比如为孩子攒教育经费、为家人攒买房钱、为自己储备养老金等，而发财实际上是投机取巧，甚至拿自己的全部资产去博取高收益；投资有特定的收益需求和相应的风险承受能力，而对于想发财的人来说，收益多多益善，风险也不在考虑范围之内；投资是一件需要长期坚持的事情，是凭借细水长流的积累来逐渐靠近目标，而发财或者“一夜暴富”，是在很短的时间内就聚集巨大的财富，颇有拔苗助长的意味。

所以回归到投资的本质，我们买基金的目的究竟是什么呢？真的是一夜暴富吗？那也许该去买彩票。基金是一种理财投资工具、一种资产配置方式，而实现资产的稳健增值，预期管理非常重要。我们在前面的章节中也曾多次提到，基金适合长期投资，不能过分在意短期的涨跌，不要指望着今天买入，明天就开始赚钱或者 1 个月内翻番，这种急功近利的心态可能极大影响你的投资结果。

我们在第二章中阐述过风险和收益的关系，在健康的金融市场上，你能获得的预期收益与你所承担的风险是正相关的。想要“一夜暴富”，意味着你必须先承担巨大的风险，如果运气好，你真的能成为富翁；可是如果不够幸运，那你将被打击得遍体鳞伤，连仅有的一点儿本金也片甲不留。《股票作手回忆录》（*Reminiscences of a*

Stock Operator）的作者杰西·利弗莫尔[①]（Jesse Livermore），几乎是历史上最有名的股票投资者，他喜欢冒险，会在交易中投入所有身家，还另加杠杆，结果他的一生多次在“亿万富翁”和“穷光蛋”之间切换。即使这样一个优秀的交易选手，依旧无法获得确定性的暴富机会，常常被市场打回原形。

芒格曾分析过“投资”和“投机”的区别：投资拼的可不是一时爽快和意气用事，而是需要遵循严格的纪律。芒格在投资中为了避免不必要的疏漏，甚至准备了一份投资原则检查清单，其中详细列了包括风险、独立、准备、配置、严格分析、谦虚等诸多投资原则，每个原则就像马赛克图案中的每个单独的小块。多年以前，芒格来华期间就曾经对股市中的赌博行为深恶痛绝，“有的人沉溺于赌博，沉溺于急功近利赚快钱，把股票看成赌场的筹码，这非常糟糕。股票背后是实实在在的企业，不是赌场的筹码。我们应该做投资，投资企业，股票只是一个载体，不应投机”。毫无疑问，这个有个性的老先生一直都在寻找的是定错价格的赌注，而绝非一次掷硬币的“投机取巧”的机会。

不管是股票投资还是基金投资，我们需要考虑的是如何在目标收益和风险中平衡，如何在长期积累中获得细水长流的收益。我们不能抱着侥幸心理甚至赌博心态去买基金，“一夜暴富”是不切实际的，还可能让我们的基金投资面临很大的风险。

投资债券型基金，能稳赚不赔吗

最早的时候，大家投资债券的方式是到银行柜台买国债，然后

---

① 杰西·利弗莫尔（1877—1940）：美国华尔街著名的股票交易手，对数字非常敏感，擅长短线交易。

持有到期，每半年能拿到一次固定利息，到期后拿回本金。所以在很多人的观念中，债券就等于确定收益型金融产品，在不出现违约的前提下跟银行存款一样，到期拿回利息本金，不过利息更高而已。债券型基金既然是投资于债券，肯定是获得确定的回报吧？

债券型基金稳赚不赔，这可能是很多投资者都有的一个认知误区。

为了说明这个问题，我们先从债券的投资方式说起。买入债券后，投资者可以持有到期，获得一定的本金、利息；同时，由于债券是可交易的有价证券，所以在债券到期前的任何时点，只要有交易对手，投资者都可以把持有的债券出售，这就是所谓的二级交易。如果是持有到期，则除非债券违约，一般是获得固定收益；如果是做债券交易，债券价格与股票价格一样，每天都在波动，有涨有跌，所以交易结果自然是有赚有赔。当然，债券的波动幅度要远小于股票，所以风险相对较小。

所以，债券型基金的收益主要来自两个方面：一是固定利息，这部分收益在不考虑违约风险的情况下为正；二是来自利率变化导致的价格变化，利率风险导致债券价格上下波动，所以价差收入可能为负。因此，债券型基金并不是稳赚不赔的。但是，如果拉长时间看，债券型基金确实具备中长期持有的投资价值，2005—2017年的13年间，债券型基金年化增长率达到7.4%[①]，整体收益较为稳健。

另外，债券型基金会运用固定收益策略、收益价差策略、套利策略、久期策略、凸度策略、杠杆交易等多种类型的交易策略。部分交易策略能够降低基金的波动风险，比如固定收益策略、套利策

---

① 资料来源：万得资讯，2005年1月1日至2017年12月31日。

略，但同时也降低了预期收益；另外一些相对激进的交易策略则同时增加了基金的风险和潜在收益，比如收益价差策略、杠杆交易等。不同债券型基金之间的风险、收益特征存在较大的区别。

投资者应该根据自己的风险偏好和流动性需求，选择适合的产品类型。风险偏好较低的投资者可以选择风格比较稳健的品种，比如纯债基金，其中短期债券型基金的波动率比长期债券型基金小，更适合希望获得稳健收益的投资者。二级债基在主要投向债券市场的同时，还部分参与股票二级市场的交易，对于稳健但又想积极追求收益的投资者来讲，二级债基的优势较为突出。对流动性要求不高的投资者可以选择短期债券型理财基金或定开式债券型基金。可转债基金的波动性在债基家族中最大，但仍然小于权益型基金，且具备进可攻、退可守的特征，适合风险偏好中等的投资者。

小贴士

什么是可转债基金？

可转债基金是以可转债为主要投资对象的基金类型。持有可转债的投资者可以在约定的转换期内将债券转换为股票，或者直接在二级市场上进行可转债交易，也可以选择持有债券到期，收取本金和利息。可转债兼具债券和股票的特性，基本要素包括基准股票、债券利率、债券期限、转换期限、转换价格、赎回和回售条款等。

由于兼具债性和股性，所以通常来说，可转债的投资风险会略高于其他类型债券，因此可转债基金的投资风险也高于其他类型的债基。

总体来说，债券型基金净值呈现稳步向上的趋势，适合稳健型投资者持有或做资产配置。

人人都夸的基金定投一定能赚钱吗

近年来，定投的投资方式正变得越来越火爆。对于不擅长也没有精力研究市场的投资者，定投不失为一种简便而又高效的“懒人投资模式”，因为它可以督促我们定期攒钱，而我们分期买入又能平滑投资成本，降低一次性投资买在高位的风险，享受后期市场上涨带来的更多收益。这些优势让很多人误以为定投就可以稳赚不赔，这种想法其实存在偏差。

定投本质上是一种投资策略，投向的仍然是股票型基金、债券型基金、混合型基金等基金产品，而这些产品本身固有的风险是无法消除的，所以定投仍然需要投资者承担这些产品的固有风险，并不能保证获得正收益。只要市场存在波动，就不能保证定投稳赚不赔，尤其在单边下跌的市场中，在市场重新拐头向上之前，账面收益情况大概率会受到较大的影响。

在不同的市场环境下，定投和单笔投资的表现不一样。如果是“先跌后涨”的市场环境，定投的收益率会更高。如果是“震荡向下”市场，定投能有效降低持仓成本，总体收益会好于单笔投资，但是在这种行情下，定投和单笔投资都会持续出现账面浮亏。在“震荡向上”的市场环境，定投和单笔投资都可以获得账面盈利，不过由于定投的平均成本被不断抬升，收益会低于初期一次性投资。

虽然不同的市场环境会影响定投的效果，且中短期内可能出现账面浮亏，但定投本身的优势在于平摊买入成本、降低择时风险，是长期投资的法宝。所以，我们应尽量站在更长期的角度去考虑定投效果，不要因为中短期的浮亏而过于担忧。

当然，大家不要误认为采用了定投就可以一劳永逸。定投虽然是一种“懒人投资”，但投资领域并没有稳赚不赔的好事，投资者应该每隔一段时间对自己的定投组合进行一次“体检”。最重要的是选好投资标的并定期查看定投基金的业绩表现是否符合自己的预期，如果在较长一段时间内都低于业绩比较基准和同类基金平均水平，那就要引起关注，重新对定投基金组合做诊断，进一步考虑是继续定投还是赎回。

如何淘到“便宜”、“年轻”又“抢手”的基金——那些投资中你给自己挖的“坑”

基金净值越低，越值得买吗

日常购物的时候，我们很容易区分一件商品是贵还是便宜，只需看价格高低就可以了，所以很多人在面对金融产品的时候，也习惯性地采用这种衡量方法。比如遇到净值高的基金，认为它“太贵了”，舍不得买，每份要5元钱，手里的资金只能买20份，而另一只便宜的基金可以买到100份。但是你真正买到的资产与基金份数没有直接关系，基金是个大池子，5元钱买到的是5元钱的资产，1元钱买到的是1元钱的资产，关键在于判断池子中的资产未来有多大的升值空间。

尽管我们已经做了很长时间的投资者教育，但基金净值“恐高症”仍普遍存在。有净值恐高症的投资者常常认为：高净值基金不划算，成本高；低净值的基金下跌空间小；高净值的基金经理特别“抠门”，不分红等。其实，这些都是对于高净值基金的误解。

首先，在相同的收益率下，高净值和低净值基金带来的收益是一样的。假设15 000元申购净值为1元的A基金和3元的B基金，则分别获得 15 000 份和 5 000 份。同时上涨 1%，则 A 基金净值为 1.1 元，B 基金为 3.3 元，收益均为 1500 元。他们认为净值高的基金不划算，是把购买其他商品的价格概念错误地移植到购买基金上面。

其次，基金上涨下跌的空间与其目前的净值高低并没有直接相关性，而是与基金的持仓组合的表现相关，只要基金背后的管理团队操作得当，那些高净值的基金反倒可能表现得更好，因为其历史业绩一定程度上证明了其获得超额收益的能力，否则也无法获得这么高的累计净值。

最后，他们认为基金不分红就是“铁公鸡一毛不拔”，是把基金分红同股票分红的概念混为一谈。基金分红实质上是把投资收益的一部分提前以现金的形式派发给持有人，但相应的净值也会调整。

我们不应该对高净值基金带有偏见，同时也不能过度偏爱低净值基金。我们先来分析为什么会出现低净值基金：其一，基金此前进行了拆分或大比例分红等，净值被人为地“迫降”了；其二，在市场大幅下跌的行情中，泥沙俱下，其中成立不久的新基金或次新基金更容易跌破面值，这时，投资者需要注意该基金的业绩表现，是否跑赢了指数和业绩基准；其三，如果说在前两种类型的基金中还存在“淘金”机会的话，那么第三种情况就需要引起投资者警惕了，即基金本身的投资实力差，遇到急速下跌的市场完全失去抵抗能力。对于这类基金，我们千万不能抱着“捡便宜货”的心态。

所以说到最后，选择一只基金，最重要的是对其基金经理以及投研团队的选择，同时参考其长期收益表现。至于净值高低，在这面前都是“浮云”。

拓展阅读

小心投资中的“数字游戏”

想象一下，如果你经常经过一个商店的橱窗，看到里面有一件衣服标价1 000元，突然有一天，你看到这家商店挂出了打折的标签，所有商品一律五折，这意味着原来标价1 000元的衣服，现在只需500元就可以买到，你会不会觉得消费意愿大增？

从诸多商家对这招百试不厌的情况来看，这种方式想必是非常有效的。我的一位朋友就曾经在冲动消费后向我反省：“为什么一件衣服卖1 000元的时候我觉得好贵，但是打折到了500元我就觉得好便宜呢？”原因很简单，人们喜欢通过对比来获得信息。

投资大师查理·芒格在《穷查理宝典》一书中，将热衷对比获得信息的现象称为“对比错误反应倾向”。他说：“因为人类的神经系统并不是精密的科学仪器，所以它必须依靠某些更为简单的东西。比如说眼睛，它只能看到在视觉上形成对比的东西。和视觉一样，其他感官也是依靠对比来捕捉信息的。更重要的是，不但感知如此，认知也是如此。”

美国麻省理工学院的行为经济学教授丹·艾瑞里①（Dan Ariely）同样注意到了这一点，在他的《怪诞行为学》（*Predictably Irrational*）一书中，他将“价格的真相”描述为“相对论”。他认为，人们很少做不加对比的选择，我们的心里并没有一个“内部价值计量器”，告诉我们某种物品的真正价值几何。相反，我们关注的是这种物品和其他物品的相对优劣，以此来估算其价值。

---

① 丹·艾瑞里：美国著名经济学家，麻省理工学院斯隆管理学院的教授，著有《怪诞行为学》《怪诞行为学2：非理性的积极力量》等书。

这种反应倾向很多时候都会导致非理性的行为，在投资中同样屡见不鲜，其中最突出的一个现象就是对于投资产品价格的对比。举例来说，有些基民在购买基金产品的时候，很在意基金的净值高低，而且倾向于购买净值较低的基金。这自然是一个荒谬的做法，因为基金的净值虽有高低之分，但实际上却和投资者可能获取的收益毫无关系。

更有意思的是，因为“对比”对于我们的行为是如此重要，所以我们在做出判断时，不仅受制于当时情境中的“参照物”，还受制于自己的第一印象和决定。举例来说，当我们用某一价格购买了某一产品或服务后，这个价格就会形成一种印记，从此以后，每当我们需要购买这一产品或服务时，总会参照原来的印记来决定。

再如，当一只股票的价格从100元跌至50元，有些人就会有“已经跌了那么多，应该不会再跌了吧”的感觉；或者一只股票的价格从50元涨到100元后，不少人就会有“已经涨了那么多，不可能再涨了”的认识倾向。

我们从理性的角度分析得知，价值决定价格而不是价格决定价格，买入或卖出股票的理由应该只有一个——上市公司的基本面发生了变化。然而这种“对比”的错误反应，会促使人们倾向于卖出手中会上涨的股票，而留下下跌比较多的，减少投资者获得的收益或使投资者遭受不必要的投资损失。

都说买基金像选择伴侣，不要喜“新”厌“旧”

正如消费者总喜欢追逐“新款”“新品类”，我们发现这种偏好似乎延续到了对基金产品的选择上。从市场上新发基金受追捧而老基金遇冷、基金公司的规模增长与新发基金数量呈正相关关系等诸多现象中，我们可以推测基民对新基金的“偏爱”。

但我们一直提醒投资者在投资时不要一味喜“新”厌“旧”，而且，在尝“新”的时候切忌跟随潮流。

在我们看来，老基金有历史业绩做支撑，投资者选择起来更有针对性；新基金的发行则很大限度上是为了满足基金公司完善产品线的需要，也可能出于对投资者的迎合，以达到规模扩张的效果。从过去看，有些基金公司追逐市场热点发行某一类基金，确实一度受到了投资者的追捧，起到了良好的发售效果。但基金往往难发好做，好发难做。因为高风险的股票型基金发行难度大的时候，通常是在市场低点，此时投资者风险偏好较低，低风险固定收益类基金更受欢迎，而低点发行的基金持仓成本更低，获得上涨收益的概率更大，逆市布局将来往往有更大的获益空间；相反，投资者偏好高风险权益类产品的时候，往往是在市场高点，此时投资者风险偏好明显上升，常常买在了高位。追随潮流的结果，吃亏的还是投资者。

这里重点分析指数基金。在牛市中，指数基金是表现最为抢眼的品种，因此该阶段许多新发行的指数基金规模扶摇直上。但相关基金评级机构指出，在熊市和牛市承接期间，被动型基金所提供的风险调整后收益并非那么有吸引力。相比较而言，指数基金通常承担了更高的系统性风险，当震荡市来临的时候，可能因为过大的风险暴露而遭遇投资损失。

在特定的市场环境下，新基金也可以体现出一定的配置优势。比如在冷淡行情的时候投资，相对于受到最低仓位限制影响的老基金而言，市场低点发行的新基金可以发挥其“建仓期”的优势，在建仓过程中，如果基金经理对短期内的市场机会把握较好，可以将建仓成本控制在一段时期内的较低位置，等于替投资者做了择时，降低了投资者的投资成本，这尤其适合打算一次性入场的基民。所以我们认为，在市场情绪低迷、大部分参与者保持观望态度的时候，乐观的投资者不妨提前布局，新基金也不失为一种不错的选择。

一只基金这么多人抢，一定是好产品

“爆款基金”“日光基”等新基金，这两年正在频繁被大家提起，成为很多投资者争相追逐的对象，热捧程度到了需要“抢”的地步。

“爆款”在消费品领域表示的是，产品很受市场欢迎、购买者众多、流行度颇高，比如大街上大家背的都是同一款包。我们作为普通人，自然有“从众心理”，出现所谓的“羊群效应”，周围人都在买，那一定是好东西；众人都前往的地方，那一定是正确的方向，这种心理同样蔓延到了投资领域。

分析历史上的爆款基金案例，我们发现，“爆款”并非平白无故出现，背后的原因大致有 3 种：一是市场行情影响，二是明星基金经理效应，三是主题性或概念性基金的跟风潮。

首先，当处在交易活跃的牛市中，投资者常常会热情高涨、跃跃欲试，风险偏好程度变得尤其高，毕竟看着周围的朋友纷纷在股市赚了钱，也渴望赶快参与市场。牛市中基金产品的发行非常容易，再叠加基金经理的名气，很容易产生“爆款产品”。但牛市尤其是牛市中后期发行的产品，通常不得不在高位建仓，大幅增加了基民的持仓成本，而在随后到来的牛转熊中，股市回撤又导致了基金的大幅亏损。

反之，处于低迷熊市的时候，股市缺乏赚钱效应，投资者大多把资金投向避险资产，“万一继续跌怎么办”“谁知道这行情什么时候会起来”都是阻碍投资者布局股市的理由，此时基金发行也随之进入寒冬。但熊市中发行的产品，通常可以在低位建仓，大大降低了基民的持仓成本，使基民在未来的牛市上涨中获得不错的收益。

这就是常说的“好发难做，难发好做”，也提醒了投资者，要对市场有基本的判断，尽量不要在高点认购基金，要学会克服追涨杀跌的人性弱点，敢于在市场低位布局。

其次，“爆款基金”的出现也可能是由于明星基金公司平台或者基金经理效应。如果某家公司基金整体表现优异，又很少发行新基金，或者某位基金经理的历史业绩非常突出，为基民赚了很多钱，那么基民肯定挤破了脑袋要去“抢购”这来之不易的产品。这种“爆款基金”本身是符合自然规律的，背后基本是长期业绩优异、值得信赖的基金经理及整个管理团队，而这种基金通常也会有较好的业绩表现。

比如美国的道奇·考克斯基金公司（Dodge & Cox），80 多年来只发行了 6 只基金，但大多数产品的规模都在百亿美元以上，属于“巨无霸”基金。得益于公司优秀的管理团队，加上长期投资、风险分散化和研究独立性的投资理念，产品业绩优异，也成为投资者争相购买的对象。所以，大产品也不排除管理得好的情况。

而那些阶段性的热点概念性产品，从产品设计的角度来看，国内基金业有时也会有一些热点基金，比如早些年的 QDII，后来的短期理财基金、打新基金、分级基金等，在最高峰时期，这些热门基金贡献了行业绝大部分的新发规模。然而，从退潮后的结果来看，它们并不尽如人意。这一方面要求基金业创新要更多以为持有人创造价值为导向；另一方面也警示投资者在购买基金产品时要理性，弄清楚基金投资的逻辑和方向再出手，做自己懂的投资。

所以，“爆款基金”并没有明确的导向性，不能以偏概全地说它好或者不好，投资者应该去探究“爆款”背后更深层次的原因，知道自己想要什么，明明白白做投资，不被概念引导。

小贴士

什么是短期理财基金？

短期理财基金的全称是“短期理财债券型基金”，是一种针对短期理财需求的创新债券型基金，与货币型基金类似：只能投资于货币市场工具，风险较小，收益稳定，收益每日结转。但其流动性低于货币型基金，买入后定期开放赎回，一般有 7 天、14 天、28 天、30 天、60 天、90 天等不同的封闭期限；投资门槛略高于货币型基金，低于银行理财产品，一般 1 000 元起投。

小贴士

什么是分级基金？

分级基金又叫“结构型基金”，是指在一个投资组合下，通过对基金收益或净资产的分解，形成两级（或多级）风险收益表现有一定差异化的基金份额的基金品种。它的主要特点是将基金产品分为两类或多类份额，并分别给予不同的收益分配。分级基金各个子基金的净值与份额占比的乘积之和等于母基金的净值。如果母基金不进行拆分，其本身是一个普通的基金。

分级基金通常分为 A 份额和 B 份额，这两个份额的资产作为一个整体投资，其中持有 B 份额的人每年向 A 份额的持有人支付约定利息，支付利息后的总体投资盈亏都由 B 份额承担。

拓展阅读

美国“巨无霸”基金的启示

经济学家经常用“二八效应”来形容资源的分布不均，公募基金行业中同样存在这种“贫富不均”的局面。根据万得资讯的数据，截至2018年6月25日，国内存续的4 423只开放式基金中（剔除货币型基金），规模排名前20%的880只基金共管理74%的资产，规模最大的已经达到823亿元，约相当于规模排名后30%的1 300多只基金的规模总和，几乎实现了“以一当千”。

并非只有国内的基金行业存在“贫富差距”的现象，在海外成熟市场上“二八”更加显著。以美国市场为例，美国的基金公司有很多，但是规模前3的公司占据了公募基金市场80%的市场份额，这3家公司分别是贝莱德基金（Black Rock）、先锋基金（Vanguard）和道富基金（SSGA），而市场份额最大的贝莱德基金占据了40%的市场份额。美国市场上存在着体量惊人的“巨无霸”基金，其中最大的10只公募基金规模超过了1 000亿美元，这些“巨无霸”的背后基本是值得信赖的大型基金公司及长期业绩优秀的管理团队。先锋基金旗下历史最悠久的500指数基金成立之初规模只有区区1 000多万美元，而目前的规模超过1 100亿美元；美洲成长基金成立于1958年，凭借强劲的主动管理业绩，在10年前的规模就已经高达400亿美元，其在2008年更是增长到1 800亿美元的巅峰值；彼得·林奇掌管的麦哲伦基金，只用13年，就从2 000万美元成长至140亿美元，成为20世纪90年代初最大的公募基金。类似的增长神话不胜枚举，我们发现，其实美国市场上各种类型的“巨无霸”基金，几乎都是从小规模开始起步，经历多年的运作后逐渐脱颖而出，用优秀的历史业绩说服投资者，使得其投资理念和团队人员获得广泛认可，最终形成巨大的品牌力，吸引到更多资金，规模实现爆发。而与此形成对比的是国内的“巨婴”基金，即在发行时规模巨大，而后续增长潜力有限的基金产品。

或许因为国内多年炒作小盘股的习性，使得投资者主观上更青睐小盘基金，认为大盘基金失去了灵活的优势，但是美国的“巨无霸”基金却是强者恒强，而许多业绩差、没有特点的基金产品则不断缩水并最终走向清盘或者被合并。美国投资协会的数据显示，2001 年以来，每年都有数百个基金成立、合并以及清盘。

美国基金行业的历程或许预示着国内基金业发展的前景：随着管理公司和基金产品的继续增加，行业竞争和洗牌愈演愈烈，大基金和小基金的“贫富差距”很可能进一步拉大，大部分资产向少数大型基金、少数大公司集中将成为大势所趋。

而美国“巨无霸”基金现象带给国内基金业最重要的启示则在于：基金规模是管出来的，而不是发出来的。基金产品不在多，而在精。我们发现，美国市场对新基金发行规模的概念极度淡化，甚至鲜有相关资料和数据。其实，基金公司大量发行新基金或首发冲规模都只是一时热闹，今后基金仍然要经过长期的管理运作。随着投资者越来越成熟，他们对基金业绩的认可程度终究会体现在规模的动态增减上。若基金公司只顾发产品而不重视管理，发行再多新基金也不会得到投资者的长期认可。

买到最低点，卖在最高点——市场涨跌引起的投资幻觉

到底应该选择牛市入场还是熊市入场

业内有一句戏言：牛市还是熊市入市，会决定你未来的投资模式。

如果你在熊市入市，建仓后不得不面临震荡向下的行情，账户短时间内不断积累亏损，免不了让你心生怀疑甚至心灰意冷：我的投资真的做对了吗？什么时候才能实现赢利呢？尤其没有太多投资

经验的投资者，可能在“熊市思维”的作用下对股市投资谨小慎微，这种行为模式在未来的投资之路上也许仍将如影随形，而有些投资者干脆愤而离场，从此只做一位股市的看客。

而对于那些在 2006 年、2007 年入市的投资者来说，动辄翻番的股价和投资收益可能让其乐观的情绪维持相当长的一段时间，很容易陷入一种“牛市思维”，对股价和股市收益产生不切实际的期待。有些人甚至会患上传说中的“金钱厌恶症”，逢有余钱就想投入股市，总幻想着会等来 2006 年、2007 年那样的大牛市，能快速积累财富。陷入这种“牛市思维”的投资者风险偏好往往过高，对投资风险的预期不足，容易在系统性风险发生的时候遭受损失。

如果我们一定要寻找科学依据，也许是所谓的“思维定式”在作怪。从一个侧面再次说明，人们往往难以挣脱情绪和经验的怪圈。遗憾的是，这往往是投资的天敌，“牛市思维”会让投资者在下行的市场中遭受损失，而“熊市思维”会让投资者错失投资良机。

我们如何克服“思维定式”的负面作用呢？除了要在投资中善于正反两面思考，不断检查自己的决定外，还要重视资产配置的作用，不要把鸡蛋放在股市这一个篮子里，但在风险承受能力允许的情况下，完全放弃投资股市也不是好主意。

1963 年 11 月道琼斯指数处在 740 点，大投资家格雷厄姆宣布：“在华尔街摸爬滚打近 50 年，我发现我对股市的将来走势知道得越来越少，但投资者应该怎样做，我是知道得越来越多。”之后，他给出忠告：“投资者投在股市的资金一定不要少于 25% 或多于 75%，当市场下跌时，投资比例就更接近 75%，上涨时就更接近 25%。”

除了仓位之外，分散风险同样很重要。事实上，“不走极端，均衡制胜”正是2011年晨星中国股票型基金兴全全球视野基金的基金经理的投资心得。他分析称，A股市场板块轮动速度极快，如果押重注在某一板块上，某一段时间的确可以享受到“一骑绝尘”的成功，但风格切换时很容易从云端跌落。一直以来，他倾向于相对均衡的配置，投资风格中庸，注重对风险的控制，因而避免了犯致命的错误。

基金重仓股大跌，就是赎回信号吗

由于重仓股在基金资产中占比高，所以投资者尤其关注重仓股股价的走势，当其股价出现暴跌或者曝出负面新闻的时候，投资者通常会非常恐惧。因为这在基民看来，往往意味着基金净值的大幅下跌，自然会忧心忡忡，开始考虑“杀跌”式地赎回基金，以避免遭受净值下跌的风险。

可是，这么操作就真的可以提高自己的投资收益吗？基民显然是犯了“简单惯性思维”的错误。

首先，很多人误以为及时发现重仓股的下跌并赎回就可以免受“拖累”，但基金赎回价格是按照股价当日收盘价进行核算的，也就是说，最终你的赎回价格一定已经反映了重仓股的股价下跌。

其次，很多投资者总是简单地认为股价下跌是持续性的，趋势一旦形成就难以逆转，所以他们一旦发现重仓股大跌就仿佛看到了往后的“无数个跌停”，自然就会选择在这之前赶紧赎回躲避下跌。我们已经在前面章节中多次提到，股价形成是个非常复杂的系统，有太多因素会影响到股价波动，也许是基本面出现问题，也许是市场恐慌下的整体超跌，也许是情绪影响下的个股“错杀”，而后两者造成的下跌显然是被错误定价且不可持续的，如果单纯认为今天跌明天也一定跌，那投资者就可能错过很好的赚钱机会。

再次，重仓股股价下跌对基金净值的影响真有这么大吗？基金投资的一大优势就是分散化投资，重仓股并不是“唯一股”，最大仓位也不会超过 10%，即使价值清零也最多影响基金 10% 的净值，不过是个股一个跌停板的幅度。而且，基金持仓中还有很多其他个股，不能用一只重仓股来代表整只基金，有涨有跌本身就是市场的常态，历史上重仓股大跌而基金净值依旧上涨的情况也不在少数。

最后，基金经理是专业投资者，他们肯定比普通基民更了解也更关注重仓股的情况，如果发现重仓股基本面出现问题，会采取行动，通过调仓等方式来纠错，而投资者买基金就应该充分信任管理人的投资能力。

顶级投资者也会遇到“重仓股危机”，却不减业绩佳话

顶级投资者常常被普通投资者“神化”为“稳赢不亏”的人，然而事实并非如此，他们投资经历中的失误依然不少。

对伯克希尔 - 哈撒韦的投资，就被巴菲特认为是他早期的一个大错误——1965 年，巴菲特虽然很清楚纺织行业没什么前景，却没有抵挡住“太便宜”的诱惑而买下伯克希尔 - 哈撒韦公司的控制权。从这次教训中，巴菲特总结出一条重要的投资感悟：“以合理的价格买下一家优秀的公司，要比用便宜的价格买下一家普通的公司要好得多。”

1987 年，巴菲特投资 7 亿美元购买所罗门公司的可转换优先股，表面上看，这笔交易充分反映了巴菲特的安全边际原则，只要所罗门公司不破产，巴菲特能够稳赚 9% 的年利息；当所罗门股价高于 38 美元时，他还可以选择将其转换成普通股，在股票上涨中

收获更大的利润。事与愿违，1990 年到 1991 年，所罗门发行部负责人保罗·莫泽（Paul Moser）数次违规囤积国债，引发财政部和美联储采取措施，公司股价大跌，一度处于危急关头，并损害了巴菲特的声誉。60 岁的巴菲特临危受命，担任所罗门临时董事会主席，力挽狂澜才终于使所罗门公司渡过难关。

投资美国航空公司则是巴菲特的另外一个投资错误。1989 年，伯克希尔公司购入价值 3. 58 亿美元的美国航空公司优先股。随后，美国航空公司开始萎缩，1994 年年底，伯克希尔将美国航空账面的投资金额降为 8 950 万美元，当初 1 美元的投资等于仅剩下 25 美分的价值，虽然伯克希尔在美国航空上最终实现赢利了结。

纵使犯下诸多错误，巴菲特仍创造了投资史上的奇迹，正如查理·芒格所说："尝试做成千上万的小事很难，但试着把几件事情做好，就会有好的结果，少数几个好的决策就可以长期带来巨大的成功。"

可见，犯错在投资中并不可怕，重要的是避免可能导致灾难性后果的错误，以及如何不断从错误中学习，而这也许正是优秀投资者区别于常人的关键。

拓展阅读

如何避开潜在的问题股?

上市公司对公司社会责任的忽视和疏漏可能给股价埋下"定时炸弹"，过去两年频频爆发的"地雷股"让投资者更深刻地意识到这一点，而选股时关注社会责任方面的指标也逐渐成为必需。

通过什么方法可以甄选更为"安全"的股票，小心躲避股市的"地雷"呢？运作超过 20 年的老牌社会责任基金——多米尼社会责任基金（Domini Social Equity Fund），在2012年年报中精选了其对社会责任投资的感悟，梳理出了躲避问题股的3个层次，值得投资者借鉴。

首先，对于问题“一望而知”的公司，直接列入“黑名单”。如英国石油公司（BP）在历史上反复出现过生产安全事故，而多米尼把石油开采企业的安全问题始终放在首位，因此在墨西哥湾石油泄漏事故前好几年就将英国石油公司列入黑名单。

其次，关注利润表和盈利预期之前，一定要先考察最关键的可持续发展指标。多米尼承认财务筛选很重要，但是要排在社会责任评价之后。举例来说，葛兰素史克（GSK）去年因为非法推广抗抑郁药物帕罗西汀（Paxil）和威博隽（Wellbutrin）及瞒报糖尿病药物文迪雅（Avandia）的安全数据，被判处支付制药行业有史以来最大的罚金30亿美元。而多米尼社会责任基金则因为关键绩效指标（KPI）指示研究员特别关注药品营销和安全争议，去年就将该公司排除在投资名单外。

最后，提前发现公司舞弊虽然很困难，但一旦发现疑点和苗头，决不能视而不见。由于舞弊是一项故意为之的内部计划，并且参与人会千方百计进行隐瞒和掩盖，因而一旦露出蛛丝马迹，投资者就应高度关注并及时做出决策。举例来说，过去几个月，巴克莱银行（Barclays）陷入一场严重丑闻导致首席执行官和董事长离职，即该银行承认系统性地操纵伦敦同业拆放利率（LIBOR）。虽然无法预测这一事件的爆发，但多米尼基金在2010年就把巴克莱剔出组合，主要是一系列事件显示巴克莱的企业文化倾向于利用法律漏洞和空子，如大力发展公司客户的避税业务等。

必须说明的是，躲避潜在问题股并没有看上去的那么简单，做足了功课也难保万无一失。对此，中国香港惠理基金管理公司董事局主席谢海清的经验值得分享：1993 年，当他开创惠理基金时，像每一个受过美式训练或者美式思维的基金经理一样，相信应该有一个非常集中的投资组合，并明确告诉别人“在我们的基金中，你不会看到超过 40 家公司”。然而，伤痕累累的教训却让他逐渐趋向一个不同的观点——像中国这样的新兴市场，最好有一个非常多样化的组合，因为这样做可以睡得更好，并可以承受得起“那些不管你花了多少功夫在上面，但时不时会发生的令人厌恶的事件”，现在惠理的投资组合里面有 80 ~ 110 家公司。可见，在躲避潜在问题股方面，资产合理配置和适度分散也是非常重要的。

盼着市场涨涨涨，基金也应买涨不买跌吗

大部分投资者都是“趋势投资者”，也就是往往只敢在股市上涨时购买基金，遇到市场下跌就会犹豫不决，因为大家都害怕买入后不得不忍受进一步的下跌。

但历史数据已证明，很多时候市场大跌其实是购买基金的良机，在市场处于低位的时候买入，长期来看所承担的下行风险反而更小，潜在的获益机会也更大。我们用 A 股市场的历史数据进行情景分析，验证市场下跌是不是合适的基金加仓时机。

从过去的数据来看，除 2007 年和 2015 年的两轮超级大牛市外，股市大小波动都较为频繁，通常 1 年内会有几次的上下波动，如图 4. 1 所示。面对市场波动的不确定性，将资产交给专业投资机构管理还是能够大概率跑赢市场指数的。自 2003 年年底至 2018 年 6 月 25 日，代表主动管理型的偏股混合型基金指数上涨 527. 70% ，同期沪深 300 指数仅上涨 202. 07% ，即其创造出的超额收益率高达 325. 64% 。代表主动管理型的偏股混合型基金还是具备超越市场指

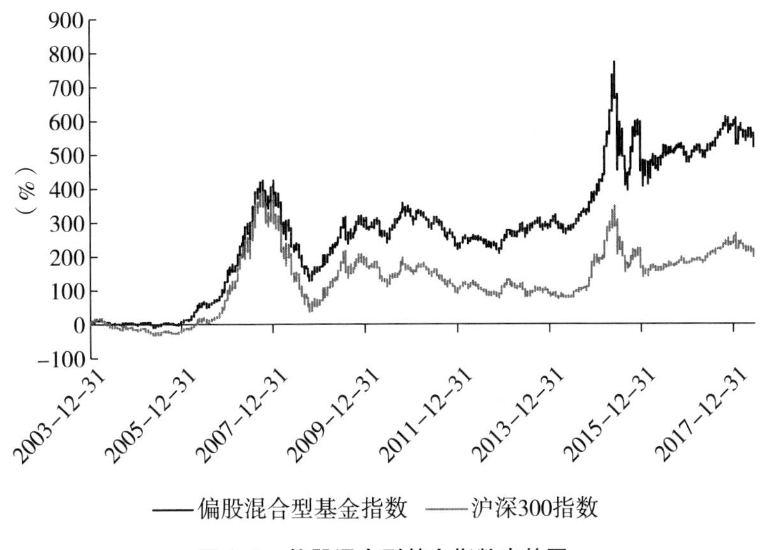

图 4.1　偏股混合型基金指数走势图

资料来源：万得资讯，数据截至 2018 年 6 月 25 日。

数的投资能力。

那投资者在这个时点该不该买偏股混合型基金呢？我们可以从统计的角度来做一下评测，这里我们以最大回撤作为衡量本轮下跌幅度的关键指标。我们以动态方式计算，从 2004 年 6 月 1 日开始至 2018 年 6 月 25 日，在每个时点往前 5 个月的区间内，统计发生最大回撤超过 20% 的时点，若投资偏股混合型基金指数，其未来 1 年、2 年、3 年取得正收益的概率、平均收益率及收益率中位数。

在上述条件下测算后，我们惊奇地发现，偏股混合型基金指数在符合条件的时点下，1 年后、2 年后及 3 年后为正收益的概率为 70.09%、80.23% 和 93.15%，平均收益率为 12.81%、30.90% 和 76.94%，收益率中位数为 7.20%、18.18% 和 30.27%，见表 4.1。我们明显看到，首先获取正收益的概率大于 50%，且随着时间的拉长，正收益的概率越高；其次，平均收益率与收益率中位数也都随着时间的拉长而变高。

表 4.1　偏股混合型基金指数赚钱概率

时间区间	正收益概率	平均收益率	收益率中位数
1 年后	70.09%	12.81%	7.20%
2 年后	80.23%	30.90%	18.18%
3 年后	93.15%	76.94%	30.27%

资料来源：万得资讯，数据截至 2018 年 6 月 25 日。

深入分析后，这种结果主要来自 3 个原因：第一，从长期来看，最大回撤超过 20% 确实发生次数较少。沪深 300 指数从 2004 年 6 月 1 日至 2018 年 6 月 25 日，在 5 138 个日子中，仅有 779 天的最近 5 个月最大回撤超过 20%，占比 15.16%，显示长期来看符合条件的时点是相对低的时点；第二，偏股混合型基金具备创造超额收益的能力。由于我们投资偏股混合型基金指数的时点是按照沪深 300 指数的最大回撤来判断，在市场相对低点投资偏股混合型基金，从中长期来看确实能够获得超越沪深 300 指数的超额收益；第三，长期投资能够创造更多价值。随着时间区间的拉长，正收益概率由 1 年后的 70.09% 上升至 3 年后的 93.15%，平均收益率也由 1 年后的 12.81% 上升至 3 年后的 76.94%。

从统计来看，沪深 300 指数 5 个月内最大回撤超过 20%，确实是波动比较大的时点。在此时，我们通过能够创造超额收益的偏股混合型基金参与这时的 A 股市场，并持有较长时间，有较大的概率获得正收益。但是很重要的一点是，统计并不能代表未来情况，投资还是应该审慎判断、理性分析。

那只亏钱的基金，我一定要等它涨回来吗
——不要和错误的基金厮守终身

卖掉赚钱基金，捂住亏损基金吗

张化桥[①]在著作《股民的眼泪》一书中用通俗易懂的文字讲了投资中的许多事情，穿插亲身经历及思考，并且文风诙谐幽默，值得一读。笔者拜读之后对许多地方印象深刻，尤其是讲到“投资者存在一种行为偏差——往往把‘好公司’卖掉，而留下一堆不争气的‘阿斗’”的时候，他引用了彼得·林奇的一个比喻：如果你有一座花园，每天都摘掉鲜花而去给杂草浇水，那么最终你就只有杂草了。这非常符合很多投资者的做法：在市场反弹的时候，望着自己的投资账户，卖出表现相对较好的确定收益的资产，留下那些表现不佳的并期待它们可以回本。根据深交所发布的《2017 年个人投资者状况调查报告》，受访者中有 40% 的投资者“过早卖出赢利股票，过长时间持有亏损股票”。

这种打理投资账户的做法自然不妥，那么投资者应该如何照料自己“投资的花园”呢？

首先，学会忘记自己的投资成本。通常来说，是否卖出手中资产的衡量标准，不应该是自己已经赚了多少钱，而应该是资产目前的价格是否合理、未来是否还有上涨空间，而这些都与投资者本身的买入成本无关，即市场并不会因为你账面盈利高就不再上涨，也

---

① 张化桥：著名证券分析师，曾在东方汇理、里昂、汇丰证券、瑞银华宝等证券公司任职，曾连续两年被《机构投资者》杂志选为排名第一的中国分析师，著有《一个证券分析师的醒悟》《股民的眼泪》《避开股市的地雷》等书。

不会因为你被深度套牢就出现反弹，资产价格的未来走势与基本面、市场供需等客观因素有关。所以，投资者只有忘掉自己的投资成本，客观冷静地去分析市场，才能实现最大的回报。

其次，基金与股票的上涨代表不同的含义，需要区别对待。股价代表的是某家公司股权的价值，如果涨幅过大，超过公司股权合理价值的时候，投资者确实应该认真考虑是否落袋为安。而基金是一系列股票和债券的组合，当持仓股票涨幅很大的时候，基金净值自然也出现大幅增长，但持仓股的高估一定代表了基金净值的高估吗？答案是否定的，这里的关键要素在于基金可以进行调仓。当基金经理判断持仓股被高估的时候，他们可以选择卖出并重新选择被低估的股票。所以，一只涨了很多的基金完全可以涨更多，大家在投资基金产品的时候，应该把更多的关注点放在对基金经理和投研团队的研究上，因为能力突出的基金管理者完全可以让你的基金不断创新高。

假设在一个熊市结束后的回暖行情中，投资者的基金账户中，有在熊市中被深度套牢的“不幸儿”，也有依靠稳健的投资风格扛过熊市的“优等生”，投资者应该怎么处置它们呢？是像彼得·林奇描述的那样“拔掉鲜花浇灌野草”吗？笔者认为，投资者最应该做的其实是“去粗取精”，经历过熊市的大洗礼，已经可以清楚地区分出优劣，保留那些长期表现出色的优质基金，期待市场好转之下它们带来的超越同类基金平均收益的“果实”，而万不可早早就将这些优质基金提早赎回，留下那些表现不佳的基金，错过市场持续反弹的丰收时节，张化桥也在书中坦言“不争气的‘阿斗’可以害你到永远”。

彼得·林奇曾坦言，他之所以能取得辉煌成就，就是因为他会去除掉杂草，并且给鲜花浇水。而对普通投资者来说，在市场回暖之时，千万别再犯“拔掉鲜花浇灌野草”这样的错误了。

这只基金已经跌了50%，我一定要等它涨回来再卖掉吗

如果今天晚上你打算去听一场音乐会，而且已经花了200元买好了票，但就在你马上要出发的时候，突然发现你把门票弄丢了。这个时候去听音乐会意味着你需要再花200元买一张门票，你还会不会去呢？换种情况，如果你丢的是价值200元的电话卡，你又会如何抉择？

心理实验表明，前一种情况，大多数人选择不去；但后一种情况，却有很多人表示仍然会买。显然，这两个决定之间存在着非理性的成分，因为无论丢的是门票还是电话卡，价值都是200元，而且无论你去不去听音乐会，都无法挽回丢掉的200元。从经济学角度来讲，这200元的门票或电话卡已经属于“沉没成本”，不应计入决策考虑范畴之内，但却很难说服自己。人们总倾向于将金钱分门别类地分账管理，且习惯于将“过去的投入”和“现在的付出”加在一起作为总成本来衡量决策的结果。对于他们来说，电话卡和门票隶属于不同的“心理账户”，因而，丢失了价值200元的门票后，人们本能地将听音乐会的成本计算为400元。这一现象反映了芝加哥大学行为科学教授理查德·塞勒（Richard Thaler）所提出的“心理账户”概念。

这种奇特的“心理账户”现象在基金投资领域也是普遍存在的，其中最突出的表现之一就是将“抛售掉的亏损”和“没有被抛掉的亏损”放在不同的心理账户中。抛售之前是账面上的亏损，而抛售之后是实际的亏损，客观上讲，这两者实质上并没有差异，但是人们在心理上却把它们画了严格的界限。从账面亏损到实际亏损，后者使人感觉更加“真实”，也就更加让人痛苦。因此，许多

投资者被套以后就失去理性操作的能力，甚至放弃操作。

另一种基金投资的“心理账户”现象，是把不同的投资列入不同的账户，比如把 A 基金和 B 基金的亏损和盈余严格分开，独立核算，并且由于“得到 10 元钱的快乐远低于失去 10 元钱的痛苦”的规律，即那些亏了的基金更让人不忍放手。就像 2008 年年底北京的一次金融博览会上，笔者遇到的一位客户。他抱怨在他的基金组合中有一只基金的表现非常差，远远低于其他基金的表现。最终他得出的结论是：“等这只基金一解套，我就立刻把它赎回换成其他基金！”

毫无疑问，这是一个非理性的决定。因为基金亏钱而决定死守该基金直至解套，基本上等同于对跑得差的基金的一种奖励。因而在投资中，投资者遵循理性经济法则，警惕“心理账户”的消极影响，也是“长跑获胜”的重要因素之一。

基金买入后就能“一劳永逸”吗

我们一直强调长期投资的重要性，但并不意味着买入基金后就持有到“天荒地老”，这种“一劳永逸”的做法也是不可取的。

在整个投资流程当中，对持有基金的调整是不可缺少的一环，这有几个重要的原因：一是初始选择错误，如果投资者发现自己购买的基金持续排在后 1/2 的位置，那就需要仔细诊断一下，是否自己的投资决策有误。二是市场在变化，比如由中小创风格切换到白马蓝筹风格的时候，投资者还抱着创业板基金不放手；或者某些行业明显开始走下坡路的时候，还苦苦守着该行业的指数基金。三是投资者自身的风险偏好在变化，比如刚入职的时候，投资者风险偏好很高，喜欢参与成长股和周期股的市场博弈，而随着年龄的增长，逐渐偏好长期稳健的投资回报，那是不是应该调整自己持有的基金类型呢？还有一个原因是大家经常会面临流动性需求，比如买房需要的首付、孩子教育的投入等，导致投资者不得不从基金账户中取出一些现金，这个时候就面临赎回哪几只基金、分别赎回多少的问题。

那我们应该如何正确调整基金呢？下面我们将分两个不同的情形进行分析。

情形一：投资者风险偏好不变，面临流动性需求

我们认为，这种情形下正确的调整方法是保持各类风险资产比例不变，对不同风险类别产品做同比例赎回。举例来说，当投资者有 20 万元的教育金需求时，对市值 100 万元分别投资 30% 货币市场型、40% 债券型及 30% 股票型基金的投资组合，可分别赎回 6 万元货币市场型、8 万元债券型及 6 万元股票型基金，起到保持各类风险资产比例不变的效果。一般投资者常犯的错误是，缺乏投资组合的概念，被单一产品的盈利或亏损影响赎回决策。假如股票市场表现较差，偏股型基金产生亏损，通常投资者就因亏损而舍不得赎回，或只赎回偏股型基金，导致整个投资组合所暴露风险的等级变动过大，与自身的风险承受能力不匹配。

情形二：投资者风险承受能力改变，投资组合的类别资产比例要有所调整

若投资者达到退休年龄，或预期未来有大额的刚性支出等，都会导致投资组合需要趋向保守，这时适当地将偏股型基金赎回，转而投资债券型或下行风险有保护的可转债基金，降低投资组合的风险程度会是较好的做法。具体做法是查看 2 年、3 年及 5 年的相对排名，看它们是否可以持续保持在同类前 1/2 或 1/3 的水平。如果

该类别的多只基金皆可以保持优异业绩，同比例地赎回多只基金即可；若有特别某只基金表现较差，可以重点赎回单一基金。

调整持有基金是投资流程中不可避免的环节，但是调整的动机和逻辑需要投资者审慎思考。家庭及个人理财强调的是中长期的资产增值，并非短期获得高额利润；持有的基金产品应该是多元且分散的，并保持投资组合与自身风险承受能力的匹配。因此，我们要深知投资组合风险的重要性高过单一产品的涨跌幅，以及在欲调整持有基金的情况下，将判断依据着重在中长期业绩，以短期业绩作为投资决策依据是不够充分的。

基金经理，你好！ 请问明天股市会涨吗
——基金经理不会回答你的那些事

基金经理能预测股市涨跌吗

在很多人心中，基金经理是非常神秘的存在：掌管着几十亿的资金，在股市的“血雨腥风中勇猛杀敌”，一边两眼不离四连屏上的K线图和MACD柱（指数平滑异同移动平均线），一边唰唰地向交易员下达指令，每个动作都干净利落，看起来胸有成竹。“我的基金经理一定无所不能”，很多基民应该都曾有过这样的想法。甚至有些人认为基金经理可以准确预测市场的涨跌，比如经常有朋友会私信给笔者：“贵司的基金经理怎么看明天的走势？是涨还是跌？”

基金经理真能预测股市涨跌吗？这个问题，就像大多数哲学命题一样，并没有一个标准答案，从不同维度分析会得出不同的结论。

首先，对于股市每日的涨跌，这个世界上是没有人能够保证准确预测的。学术界有多种模型用来描述股价的走势规律，但无论是

股价的几何布朗运动（GBM）、还是随机游走模型（Random Walk Model），其中都包含随机变量，也就是不可预测的成分，即在明天到来之前，没有任何一个模型能准确预测市场将上涨还是下跌，不过有些模型可以给出概率值，但也只是概率，而非确定的。

从A股市场的实际运行情况来看，谁能测准每一个交易日的涨跌呢？哪怕拉长时间，对一周或一个月的涨跌情况，又有几位“股神”能押对呢？且不说越来越频繁的黑天鹅事件，光是偏离预期的经济数据、行业数据、公司业绩就让大家措手不及了。股价是太多因素共同作用的结果，并且这些因素一直在动态调整，比如利息涨跌、汇率变动、国家产业政策、税收政策、行业竞争格局、消费者偏好等，当然还有一个最难预测的成分——投资者情绪。我们不知道是拨动了哪根弦，市场就启动了一波小牛市，也料不到触碰到哪根筋，市场居然掀起了一轮熊市。

股神巴菲特曾说过，“我从来没有见过一个能够预测市场走势的人”，事实上他并不关注股价的日常波动，也完全不靠预测股价的涨跌来赚钱。期待基金经理准确预测市场的每日走势是不科学的，不然他们只需根据自己的预测进行操作，那基金产品的净值就可以天天创新高，但现实是几乎所有权益型基金都会出现回撤，都会有不太好过的日子。

但是，基金经理对市场真的就没有判断能力了吗？那为何我们还要把钱交给他们管理，直接自己抛硬币买卖股票不就行了？前面曾经提到，历史数据证明，在一个较长时间段内，主动管理型基金总是能够跑赢市场，所以股市仍然是有迹可寻的。投资本身就是承担不确定性的过程，基金经理则是通过专业研究和头寸管理，在不确定性中博取最大的获利概率，比如通过基本面研究发现一家被严重低估的公司，等待价值回归就可以创造不错的收益。但大部分基金经理并没有把握股价到底是否已经跌到底部，也许买入后还会经历一段时间的下跌，可是他们并不会因为难以预测就错过这个好机会。橡树资本（OAK）创始人马克斯在《投资中最重要的事》（*The Most Important Thing Illuminated*）中写道："没有人能准确预测明天的涨跌，但专业者能够判断长期的价格走势。"

那些投资专家，之所以会获得超过普通人的成功，不是因为他们能够像神仙般地预测所有涨跌行情，而是他们能够抓住大概率正确的投资机会，即不需要每一步都走对，只要保证大方向不出错，哪怕中途绕一些路，跌倒几次也是不可怕的，因为总会到达目的地。

分红多、涨得快，最优秀的基金就是你了——基金投资中的"万万没想到"

基金分红，真的是在"发红包"吗

就像高分红的股票容易受到市场青睐，高分红的基金也往往被基民追捧。一时间，分红成为投资者热议的话题，甚至被当作考量基金的一个重要指标。事实上，基金分红是把双刃剑，对基民并非一定是确定性受益的事，而对基金资产的影响需要看市场环境。在基民的口耳相传中，有以下两个误解。

误解一：分红是持有人的额外收益

什么是分红？用一句最通俗的话解释就是："羊毛出在羊身上。"基金分红实质上是把基金收益的一部分提前以现金方式派发给持有人，这部分收益就从基金净值转移到现金账户中，实现所谓的"落袋为安"。

举一个简单的例子，王女士在某基金首次募集的时候按 1 元的净值购买了 1 000 份基金，在认购时，她有两个选择，“现金分红”或“红利再投资”。王女士选择了“现金分红”，1 个月后，基金净值上涨了 20%，份额净值达到 1.2 元，王女士所持有的基金资产达到 1 200 元。如果每份基金份额分红 0.2 元，那么她的现金账户中就会多出 0.2 元 ×1 000 份 =200 元。相应地，基金净值也就变成了 1.2 元 −0.2 元 =1 元，王女士的基金资产从 1 200 元变为 1 000 元，但王女士的账户总资产（本金加上收益）仍然是 1 200 元。

既然如此，基金分红实际上只是资产从基金账户转移到现金账户，并不是盈亏变化。透过现象看本质，基金分红的问题也就简化为“持币”还是“持基”的问题。

同样是上面王女士的例子，如果王女士选择了“红利再投资”，则她的 200 元红利会被投入基金资产，此时购买基金的价格是 1 元/份，所以王女士现在拥有了 1 000 份 +200 份 =1 200 份基金，基金总资产是 1 200 元，现金账户中没有资产，王女士账户总资产仍然是 1 200 元。这与选择“现金分红”的结果没有区别。

误解二：高分红 = 高收益

投资者究竟应该“持基”还是“持币”，并没有确定的答案，最终应该落到对趋势的判断和自身的风险承受能力上。比如，单边上涨行情中，平均来看，持基的回报应该远远大于持币；但如果处在震荡行情或是下降通道，持基的风险则大于持币。

所以，分红的时机选择非常重要。当市场处于上涨行情时，如果基金进行大比例分红，意味着无论投资者情愿与否，或多或少都要进行减仓，抛掉手上持有的部分股票以兑现红利。分红以后，净值降低，如果引来大量新资金，那么基金还要重新建仓，由于行情处在上涨趋势，所以新一轮的建仓无形中抬高了持股成本，导致原有持有人的利益被摊薄。相反，如果市场出现调整，基金进行大比例分红，不仅可以部分规避下跌风险，还可以借机调整仓位，甚至摊薄持股成本。

所以，对基民来说，是否选择高分红基金，不能“从众”，也不能有“淘便宜货”的心态。因为基金是否“便宜”，并不是由它的净值来反映，而是由基金的持股成本来决定，这跟股票的股价有根本性的区别，也是引起很多投资者误解的主要原因。

“业绩冠军”就一定值得买吗

基金排行榜往往是投资者选择基金的重要参考，一些占据排行榜“状元”“榜眼”位置的基金一时间会成为市场焦点和投资者热捧的对象。眼下，许多排行榜都缩短了考察周期，每月、每周，甚至每天都有排名。

业绩排名确实给我们提供了一个选择基金的标准，但排名靠前的基金就一定更加靠谱吗？我们对短期业绩冠军，就应该坚定购买吗？事实上并没有那么简单。

历史业绩的局限性

历史业绩再好，也只是过去式，就像高考排名靠前的学生，一定会在未来获得更大的成功吗？其实大家会发现，所有基金的宣传材料都会附上一句风险提示：基金过往业绩并不预示其未来表现。这是我们一直想给投资者传递的，再好的历史业绩也只是过去的持有人所获得的，如果你现在这个时点买入，只能获得未来的收益，而未来收益具有不确定性。全球著名的基金评级机构总裁曾经说过：“基金的等级评定从来没有试图预测未来，我们将其称为历史描述，在衡量过往业绩时是准确的。”

从历史的数据来看，基金排名“大变脸”的情况其实并不罕见。因为优异的业绩其实来源于诸多方面，也许是突出的选股择时能力，也许是承担高风险获得的风险报酬，也可能是“运气”。其中，选股择时能力的可持续性较强；而风险暴露则会在不同市场环境下有不同的表现，比如擅长周期股的基金经理可能在周期股行情中获得更高的收益，而行情转向消费风格的时候，其业绩可能下滑；运气成分就更不具备可持续性了，毕竟运气不会总垂青同一个人。

另外，更换基金经理也是需要关注的要素。若在前一位能力突出的基金经理管理之下，该产品获得了优异的业绩，但是一旦更换掌舵者，那接下来的航向和前进速度就都由新任基金经理以及投研平台的实力来决定了。这种情况下，我们就不应该只依据产品的过往业绩来做决策判断，正确的做法应该是关注新任基金经理的管理能力。

短跑冠军，长跑能赢吗

投资是一场马拉松，我们的人生路很长，不是投资完一个月或者一个季度就可以结束的。既然是长跑，那我们自然需要长期业绩优秀的产品，那些起步时遥遥领先，最后却逐渐落于人后、甚至坚持不下去的产品，并非我们的目标。

事实上，每年的基金排行榜上都不乏昙花一现的冠军，这一点已经经过历史的多次证明。比如 2014—2015 年，很多成长股风格的基金创造了业绩的神话，让很多投资者纷纷入市，但是在 2017 年的价值股浪潮中，这些基金几乎都极速陨落、辉煌不再。而 2017 年崛起的一批明星产品，很多都已经沉沦了多年。所以说，短期的收益数据其实具有较大的欺骗性，正所谓最好的基金经理也有最糟糕的时候，而糟糕的基金经理也会有他们的好日子。

某研究机构统计了 2007—2009 年的基金排名情况，因为这 3 年市场情况比较具有代表性，既有单边上扬的牛市，又有单边下跌的熊市，也有震荡市，3 年间市场波动很大。结果显示，在这期间连续 3 年排在前 1/2 的基金共有 5 只，其中仅有 1 只是连续 3 年都排在前 10 的，其余 4 只基金在大多数时间并不起眼，只是在 10 ~ 50 名之间徘徊。短期业绩优秀固然抢眼，但可持续性并不强，昔日的年度冠军连行业的前 1/2 都难以保证；而短期业绩不亮眼的产品，却成了 3 年牛熊的长跑冠军。

我们做了一个数据统计，筛选出 2006—2016 这 10 年每年的前 10 只基金，总共 100 只。我们称其为"冠军基"，并统计其进入前 10 后接下来 1 年的业绩表现和排名情况。结果显示，只有不到 30% 的"冠军基"在接下来 1 年中挤进市场的前 25%，挤进前 1/2 的大概有 46%，而几乎有 45% 的"冠军基"在接下来 1 年业绩不佳，排名滑落到后 1/4。

与看似平庸但稳健的基金相比，那些看似光鲜但每年的业绩如同过山车一样起起伏伏的基金，其实并没有那么诱人，一轮熊市足以吞噬掉它们此前创造的短期优势，因为在它们业绩爆发后，会付出高风险的代价，这些代价必定在高风险市场环境下偿还。长期来看，它们能为投资者贡献的回报有限。而长跑成绩优秀是稳健业绩的累加，持续表现在行业中占据中上，在时间的发酵下已足以在同类基金中脱颖而出。

根据排名选基金的正确方式

虽然排行榜不能完美地预测未来，短期业绩也有一定的欺骗性，但我们还是可以通过全面综合的分析，用排行榜来提高我们赚钱的概率。

首先，关注基金的持续收益。所谓“路遥知马力”，选基也一样需要关注基金的持续赢利能力。某个年度排名靠前的基金管理团队显然身手不凡，倘若年年都能在排行榜的前 1/3 阵营占据一席之地，则更具备过人的本领。对于基民而言，留心到这一点也并非难事——现在不少基金业绩排行榜在列出当年基金排名的同时，也会列出其在过去 2 年、3 年乃至更久的基金收益排名，具有参照价值。

其次，关注“兄弟基金”的表现。基金公司的综合实力，往往是基民投资基金的首选。强大的投研平台及决策团队，往往会培养出多只明星基金，给基金经理最强有力的辅佐。因此，在选择基金的时候，基民不妨多观察同一家基金公司旗下的多只基金表现，如果仅某只基金“一枝独秀”，就需多留心公司的整体实力。

再次，比较基金在不同评级机构中的“星级”。选择基金“数星级”堪称是选择基金最直观的方式。现在包括晨星资讯、银河证券、天相投顾等诸多评级机构均对基金评级实施“打星制”，从一颗星到五颗星不等，其中“五星基金”往往被视为绩优基金。不过，不同基金评级机构对同一基金的评级有时并不一致，因而，综合参考基金在各机构中的“星级”，也就成为较有效率的选基方式之一。

最后，关注风险调整后收益。收益与风险是做投资决策时需要兼顾的两个要素，高收益也许来自承担了较大的风险，因此脱离风险而仅仅比较不同基金之间的收益率是有失公允的。为了把收益和风险同时纳入考量范围，我们建议投资者可以使用风险调整后收益来衡量基金，即考察基金的风险收益性价比。衡量风险调整后收益的指标主要有夏普比率、特雷诺指数、詹森指数等。

一般实务上应用最为广泛的是夏普比率，对此我们已经在第二章做了详细描述。

曾经业绩优秀的基金经理今年业绩表现很差，是不是不行了呢

基金投资者的最高期望就是找到一位优秀的投资者，每日都能看到净值的精彩表现，但世事难尽如人意，即便是最优秀的投资者，也难免会遇到几个坏年份。如果你选中的优秀投资者最近“不在状态”，怎么办呢？

巴菲特曾在哥伦比亚大学做了一次题为《格雷厄姆－多德都市的超级投资者们》（The Superinvestors of Graham and Doddsville）的演讲，并举了10家投资公司做例子，这些公司的基金长期表现均大幅超越了主要指数，但让人惊讶的是，这些超级明星在被统计年份中竟有30%～40%的时间表现不如标准普尔500指数，没有一家公司的基金是年年都能跑赢指数的。但在那些落后的年份里，基金的表现大多只比指数低一点儿，而在那些超越指数的年份里，与指数的差异就很大甚至极大，且许多低谷都紧随在其表现出色的年份之后。

这并不是偶然事件，事实上，最伟大的投资家也难以回避低潮期的侵袭。在投资大师约翰·邓普顿管理基金的30多年中，既有基金几次连续3年跑输基准，也有连续9年超越基准，最终投资者的1万美元增长到了632 469美元。如果投资道琼斯指数，相应收益则仅为35 400美元。同样，巴菲特的合伙人查理·芒格管理的基金也曾在连续5年中4年表现落后于标准普尔500指数。但从13年的时间跨度来考察，其基金的年投资收益率为19.8%，而指数只有5%。

可见，投资中的“长跑冠军”并不一定是“常胜将军”。优秀的投资者不仅需要慧眼发掘，同样也需要足够的耐心。也许正因如

此，包括太平洋投资管理（PIMCO）、富兰克林·邓普顿（Fran-klin Templeton Investments）、先锋基金等一批出色的美国基金公司，都将基金经理的薪酬与 3 到 5 年的长期业绩挂钩，而并非看 1 年的业绩。

普通投资者如何应对优秀投资者的坏年份呢？正如卓越的投资者巴顿·比格斯所说，如果你的投资管理人过去曾有很好的业绩但目前表现不佳，你要有耐心。好的投资管理人可遇而不可求，一旦碰到了就别轻易放弃，因为寻找一个合适的替代者非常难。投资业绩的波动是周期性的，最优秀的投资家的基金业绩也会有某段时期甚至较长时期不如基准，尽管他们的管理费高出指数基金不少，但这几个百分点按复利计算后意味着你的财富在若干年后将获得更显著的增长。

指数基金更赚钱，高风险就有高收益吗
——大家都认同的，并不一定对

巴菲特最爱的指数基金在中国也更赚钱吗

2008 年，巴菲特与著名对冲基金打了一个赌，赌期为 10 年。巴菲特作为指数基金的“代言人”，这家基金作为对冲基金的“代言人”，赌 10 年后谁能获得更高的收益率。2018 年赌约到期，标普 500 指数年复合收益率达到 8.5%，而对冲基金只有 2.96%。这场 10 年赌约，老巴完胜。

看到这里，有读者可能打算全仓买入指数基金了。我们先不要冲动，后面还有更精彩的故事。

首先，这个赌约的发生地是美国，我们来看看美股过去 10 年的表现。截至 2018 年 3 月底，10 年内标普 500 指数上涨了 99.66%，而且几乎是稳步上升，其间回撤幅度有限，如图 4.2 所示。

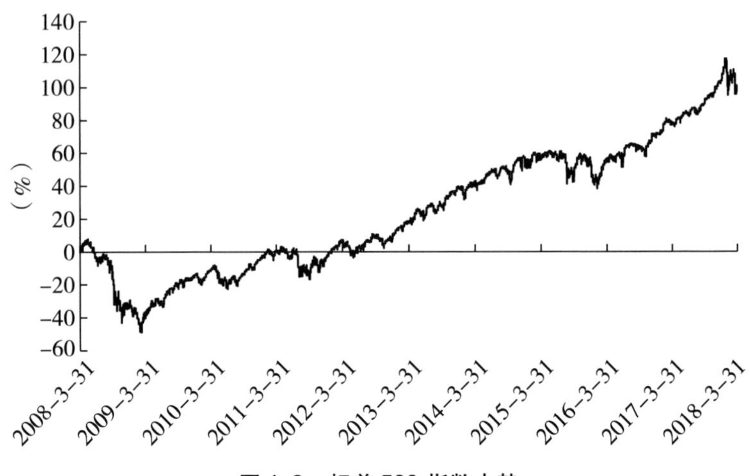

图 4.2　标普 500 指数走势

资料来源：万得资讯，2008 年 3 月 31 日至 2018 年 3 月 31 日。

我们再看 A 股市场过去 10 年的走势，从 2008 年 3 月到 2018 年 3 月，沪深 300 指数 10 年只增长了 2.73%，而且波动非常大，如图 4.3 所示。

既然两国的股市走势差异这么大，那巴菲特在中国打这个赌，

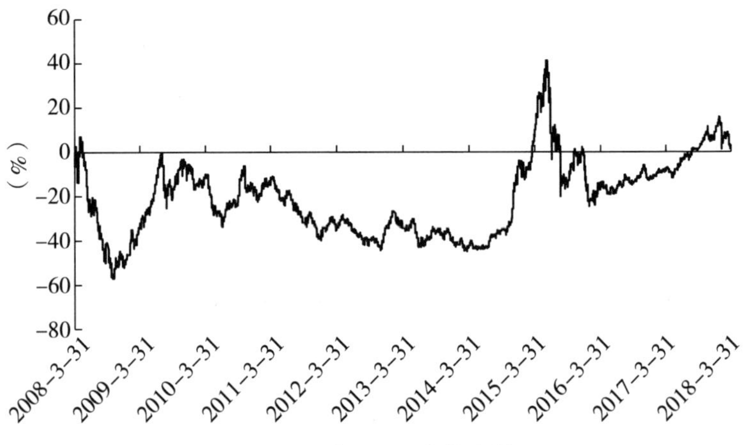

图 4.3　沪深 300 指数走势

资料来源：万得资讯，2008 年 3 月 31 日至 2018 年 3 月 31 日。

是不是可能输呢？

我们按照银河证券的基金分类，整理出了截至2017年年底，成立10年以上的股票指数型基金[①]和主动管理型基金[②] 10年内的平均收益，如图4.4所示。从结果可以看到，2008—2017年10年期内，股票型、偏股混合型、灵活配置型、平衡型基金的平均总收益率全部超过了20%，而股票指数型基金只有－9.2%。也就是说，过去10年，任何一类主动管理型基金的平均业绩，都远远跑赢了股票指数型基金。如果投资者在2007年年底买入股票指数型基金，持有10年，不但没有正回报还亏损了部分本金。

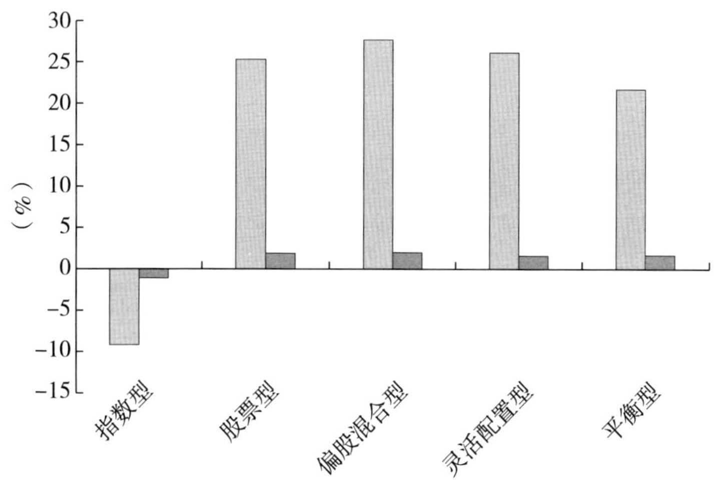

图4.4　各类型基金过去10年收益

注：平均总收益率为所有该类型基金产品区间收益率的算术平均。

资料来源：银河证券、万得资讯，2008年1月1日至2017年12月31日。

---

① 此处的股票指数型基金中不包含指数增强型基金，下同。

② 此处的主动管理型基金包括：股票型基金、偏股混合型基金、灵活配置型基金、平衡型基金，下同。

小贴士

什么是主动管理型基金？

按照基金经理管理基金的方式，基金可以分为主动管理型基金和被动管理型基金。

主动型基金是指基金经理通过主动投资管理策略，以期获取优于业绩基准的收益的基金。基金如何选择个股、债券，基本由基金公司和基金经理决定，即基金管理人对基金投资有较大的主动权。

被动型基金一般选取特定的指数成分股作为投资对象，不主动寻求超越市场的表现，而是试图复制指数的表现。

以上是从10年平均总收益的角度，论证了主动管理型基金的胜利，那如果在较短时间段内进行对比，两者会有怎样的表现呢？

我们计算了每1年内，主动管理型和股票指数型基金的平均业绩，根据银河证券的基金分类，选取各年内完整存续的所有基金产品，计算类别内所有基金的收益率，然后把算术平均作为该类基金的年度平均收益率，如图4.5所示。

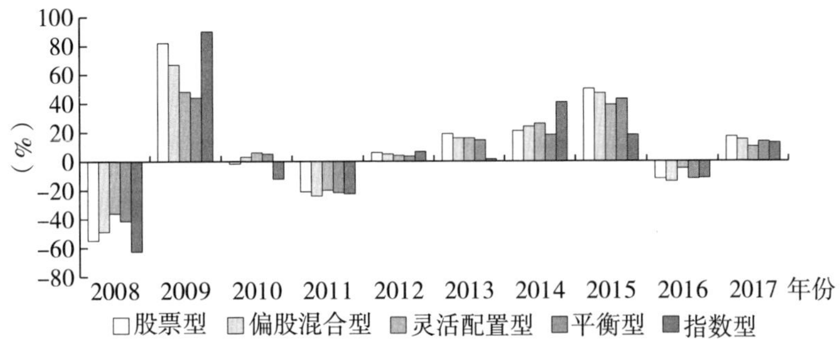

图4.5　各类型基金年度平均收益率情况

注：平均收益率为所有该类型基金产品区间收益率的算术平均。

资料来源：银河证券，2008年1月1日至2017年12月31日。

计算结果表明，在2008—2017年的10年间，有7年主动管理型基金都是跑赢股票指数型基金的，尤其是2008年、2010年、2013和2015年这几个年份，主动管理型远远甩开了股票指数型基金，而没有跑赢股票指数型基金的年份为2009年、2012年和2014年。

结合各年度市场行情可以发现，在单边下跌（比如2008年、2015年下半年）和震荡市（比如2010年、2013年）的行情中，主动管理型基金跑赢股票指数型基金的幅度更大，而在单边上涨的大牛市（比如2009年、2014年）中，主动管理型基金则可能略落后于股票指数型基金，这主要与主动管理型基金的回撤风险控制有关。不过如果能抛开年度波动、着眼于长期收益的话，主动管理型基金还是能大概率获得超额收益的，见表4.2。

表4.2 各类基金年度回报情况 单位：%

	2008	2009	2010	2011	2012	2013	2014	2015	2016	2017
股票指数型	-62.6	89.9	-12.2	-22.5	6.7	0.2	40.8	18.2	-11.6	12.7
主动管理型	-45.4	60.2	3.4	-21.7	4.6	16.4	22.3	44.8	-10.8	13.9
股票型	-55.0	82.0	-0.3	-21.0	6.0	19.0	21.0	50.0	-12.0	17.0
偏股混合型	-49.0	67.0	3.0	-24.0	5.0	16.0	24.0	47.0	-14.0	15.0
灵活配置型	-36.0	48.0	6.0	-20.0	4.0	16.0	26.0	39.0	-5.0	10.0
平衡型	-41.5	43.9	5.1	-21.7	3.5	14.6	18.3	43.0	-12.1	13.5

注：主动管理型基金收益率是股票型、偏股混合型、灵活配置型、平衡型4类收益率的平均值。

资料来源：银河证券，2008年1月1日至2017年12月31日。

前面是把市场上所有的主动管理型基金作为研究对象，如果把部分绩优基金单独拿出来看，又会有怎样的效果呢？

我们筛选出过去10年收益率排名前20的主动管理型基金，截至2018年4月末，这个组合过去10年的平均收益率达到了164.3%，平均年化收益率为10.1%。而在此期间，排名前10的股票指数型基金平均收益率仅13.3%，平均年化收益率为1.2%。[①]

分年度来看，截至2018年4月30日的过去10年间，除了2014—2015年的那波大牛市，其余年份排名前20的主动管理型基金的平均业绩均跑赢了排名前10的股票指数型基金。所以说如果投资者运气很好，买入了这些绩优基金，就可以持续获得较高的超额收益。

巴菲特在美国能够赌赢，却在中国“输”得这么惨，主要是因为两个市场特征不一样。一方面，美股成熟度高，接近强有效市场，大多数时间内股票价格能及时反映价值，主动管理赚取超额收益的难度较大；而A股市场目前只是弱有效，仍然存在很多股价被低估的机会，投资者可以通过研究来挖掘超额收益。另一方面，中美的投资者结构也有很大的区别，美国以机构投资者为主，投资者作为一个整体，很难超越自己；而在中国，中小投资者仍占较大比例，机构投资者更能凭借自身的专业能力超越市场。

“人有多大胆，地有多大产”，高风险必然带来高收益吗

在学者看来，投资风险等于价格波动性，但马克斯驳斥了这种观点，他认为，真实世界中的风险是本金永久性损失的概率。举一个简单的例子，投资者不会说“我不想买这种资产，因为它的价格会出现巨大波动”，大家只会说“我不想买，因为我怕赔钱”。

但未来损失的概率是不可测的，我们用历史波动率这种可测的

① 资料来源：银河证券、万得资讯，2008年4月30日至2018年4月30日。

变量来指代风险，其实是不公允的，所以也造成了很多认知误区。比如以中国房地产为例，如果从过去30年的价格走势来看，其波动率是非常低的，所以大家自然认为中国房地产风险较低，但真的是这样吗？

正如马克斯在书中所说：“投资风险在很大程度上是预测不到的，风险只存在于未来，而未来在到来之前是不可能确定的。”

高风险必然带来高收益吗

在经济繁荣的时候，身边很多人在说“高风险带来高收益，要想多赚钱，就去承担更高的风险吧”，并且画出了一条收益与风险关系的直线，如图4.6所示。

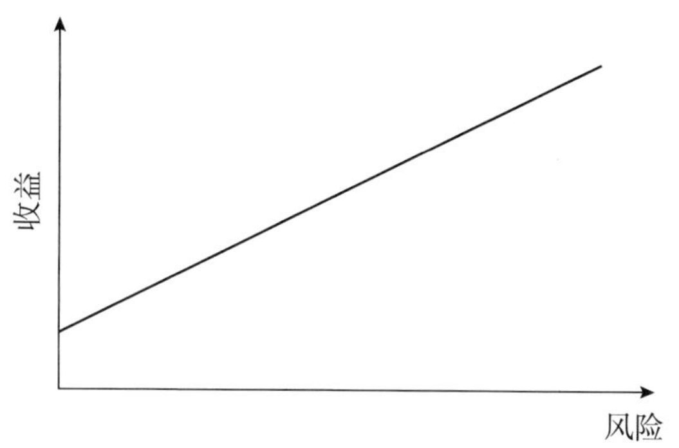

图4.6　风险与收益的简单关系图

所以，很多人产生了这样的错觉：承担高风险是一种赚钱的渠道，买入高风险资产就一定能获得高收益。可是，我们有没有想过这样一个问题：如果高风险的资产能创造确定性的高收益，那它就不是真正的高风险了。真正的风险收益关系图应该如图4.7所示。更高的投资风险并不一定意味着更高的收益，而是更加不确定性的结果，也就是说收益的概率分布会更广：一方面有获得更高收益的可能性，另一方面也有面临更大亏损的可能性。

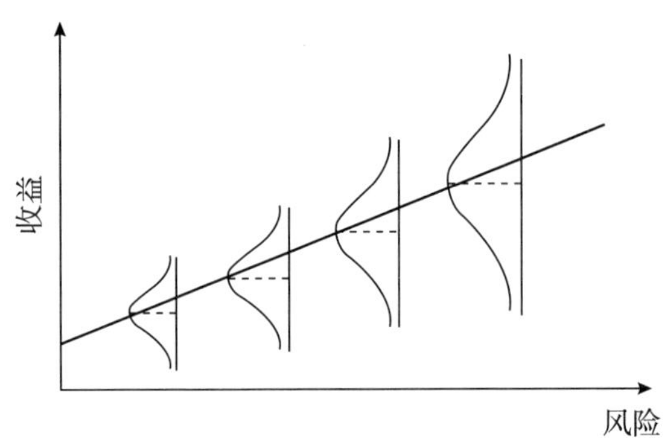

图4.7　风险与收益的复杂关系图

当然，承担更高的风险通常会获得更高的收益，否则人们就没有动力进行高风险投资，比如垃圾债的承诺收益率远高于国债或者高等级信用债。可是，市场是残酷的，一旦小概率事件发生，高风险资产的购买者就会面临巨大的损失，比如垃圾债违约时的本金损失。

最危险的投资状态

研究显示，与普通小汽车相比，尽管越野车更大更结实，发生车祸的概率却更高，因为越野车司机认为自己发生事故的概率很低，所以会掉以轻心。这个例子证明，风险不是确定的，安全感可能增加风险，风险意识反而会降低风险。

正如马克斯所说的：普遍相信没有风险，才是最大的风险。这句话强调了投资者的风险认知“反身性”地影响了他们面临的风险。因为当投资者过于乐观的时候，其追逐式的投资推高了资产价格，既加大了风险，又降低了预期收益。在偏离均衡的高价格下，高风险和低收益可能并存于同一产品中。

比如大家热衷投资主题、投资概念、追逐上涨的股票，这些热门投资或许能实现暂时的浮盈，但毫无疑问也蕴藏着高风险。比如

2007 年和 2015 年牛市中后期的时候，市场的狂热使投资者认为风险已经被消除、周期不复存在、股市可以持续上涨，从而盲目冒险而承受惨痛后果。

传统金融学理论告诉我们，高风险与高收益同在，因为前者为补偿后者而存在。但是，价值投资者的感觉恰恰相反，他们相信，如果能以低估的价格买入股票，则高收益和低风险同时存在，这也是他们坚定寻找的投资机会。比如大家普遍认为风险较大的时候，购买意愿降到冰点，价格被打压到“风险极低”的地步。回看 A 股市场的几次大底，其实都是布局的良机。

马克斯说，当他听到“任何价格我都不会买入，所有人都知道风险太大了”类似言论时，他就准备好钱袋子大干一场，这与巴菲特的“在别人贪婪时恐惧，别人恐惧时贪婪”的建议简直有异曲同工之妙。

马克斯还说：市场不是一个供投资者操作的静态场所，它受所有投资者自身行为的影响。过度乐观促成了巨大的风险，过度悲观反而降低了潜在风险，这就是“风险反常性”。所以，在市场大幅下跌后，投资者应认真思考，自己是否应鼓起勇气去购买低价股票。

基金长得像，傻傻分不清吗
——关于基金的冷门但必知的小常识

能把基金当作股票来投资吗

基金与股票在“外表”上确实有一些相似之处，比如都有频繁更新的价格，因此持有人可以很方便地知道自己的资产净值和收益情况，股票的价格表现为实时波动的股价 K 线图（K Chart），基金的价格表现为开放式基金每日更新的净值和上市交易基金实时波动的交易价；又比如价格都有涨有跌，账面利润在浮盈和浮亏之间切换是很正常的事。

正是因为这种相似的日间高波动性，很多基民抵不住诱惑，效仿股票短线交易“投资基金”，追涨杀跌或频繁交易，其实这种把基金当股票来投资的方式是不合理的。

首先，这两类资产的本质存在较大差别。股票是一种基础资产，投资者买入后成为上市公司的股东，拥有了公司经营决策的表决权和享受公司分红的权利；而基金是一种资产管理方式，买入基金其实是把钱交给专业机构去打理，管理人集中投资者的资金再投向股票、债券等基础资产，基民不再直接参与股票等的投资，而是由基金经理来决定投资对象和买卖时点，他们有自己的风格和策略。既然投资者选择了基金，就应该相信基金经理的管理能力，让其投资策略在一定时间段内发挥效力。很多基民对基金进行短线交易其实是想通过自身对股市的判断来“择时”，但其实基金经理本身已经承担了选股和择时的功能，而我们在择时上，大概率是没有专业投资者强的，所以还不如相信管理人的判断，奉行“懒人投资”。

其次，两类资产的定价代表着不同的含义。股票价格，虽然本质上应该由上市公司的内在价值决定，但在二级交易机制下，股价的日常波动常常会受到多空势力、市场情绪等非基本面因素的较大影响，所以会出现恐慌式抛售加速股价下跌、大规模资金的买入拉涨股价等现象；而对于基金来说，每日公布的“产品净值”代表的是基金持有的所有资产的净值，而基金通常同时持有很多股票和债券，“产品净值”便由这些股票和债券当日的收盘价或估值来决定。

最后，交易手续费也是需要考虑的问题。与股票相比，基金产品的交易成本是相对较高的。以偏股型基金为例，成本包括认购（申购）费、赎回费，还有计入每日净值的管理费与托管费。而对于股票而言，交易成本一般来说有印花税（单边收取）、佣金（双向收取）、过户费（仅限沪市），且以万分之一为单位。基金于股票而言，缴纳的成本种类和金额都要多出不少。所以，我们还是建议长期持有来投资基金，相信专业机构的能力，静待时间的玫瑰绽放。

基金后的尾巴 A、B、C，不要傻傻分不清

有一定“基龄”的投资者应该都知道，基金大家族里面有这样一些产品，名字几乎一模一样，只是名字后面会有 A、B、C 这样的字母小尾巴。A、B、C 难道只是修饰吗？很多基民在选择产品的时候很容易忽视这个小细节，以为只要前面名字相同就是同一个产品。其实小小的字母里蕴藏着很大的学问，对于股票型基金、债券型基金、货币型基金，同样的 A、B、C 有不同的意思，如果不弄清楚可能影响投资效果。

股票型基金、混合型基金的 A 与 B

名字有 A、B、C 尾巴的这类基金是分级基金，名字后面带 A、B 的基金即为分级子基金。如果母基金不进行拆分，其本身是一个普通的基金；如果母基金按照不同风险收益特征，分拆成几类份额，就形成子基金 A 和 B。一般来说，分级 A 借钱给分级 B，分级 B 加杠杆投资。无论盈亏，分级 A 只拿走固定的一部分收益，余下的盈亏全部由分级 B 承担。当然，还有其他的分级方式，这里就不一一赘述了。

但是，根据 2018 年中国人民银行、中国银行保险监督管理委员会、中国证券监督管理委员会、国家外汇管理局共同发布的

《关于规范金融机构资产管理业务的指导意见》的要求，公募产品和开放式私募产品不得进行份额分级，目前市场存量的分级基金也将于2020年年底前陆续转型，逐步退出历史舞台。

货币型基金的A、B、C、E

货币型基金A、B、C的份额差异主要为起购门槛的差别。通常A份额的投资门槛最低，比如0.01元起投，销售服务费最高；C份额的投资门槛略高于A份额，比如100元起投；而B份额的投资门槛最高，比如500万元起投，销售服务费最低。货币型基金A类和C类主要面对的是个人投资者，而B类主要是供机构和大额投资者进行投资。由于服务费不同，所以货币型基金B类的收益通常略高于A类和C类。货币型基金E份额主要是指场内份额，即交易型货币型基金，在交易所进行交易，面值为100元而非场外的1元。

费率不同也会有A、B、C的区分

根据基金申购费用的差异，一只基金或许也会有A、B、C共3种不同的份额。A份额为前端收费：在申购当日收取申购费，赎回时收取赎回费；B份额为后端收费：基金赎回时收取申购和赎回费，持有时间越长，相对应的费用越低，以鼓励持有人长期持有；C份额的基金不收取申购和赎回费用，仅按日计提销售服务费用。

较为小众的D、E、H、I份额

D、E、I类份额通常为某些基金在指定渠道平台发售的份额。此外，近期我们还看到一些H类份额的出现，这些基金通常指的是我国内地基金与我国香港基金互认后，仅在香港地区发售的基金份额。

简单的A、B、C、D中蕴藏着很深的学问，我们不要误以为那只是无关痛痒的“修饰”。所以，在投资产品前，各位投资者还是要仔细阅读基金合同，了解清楚产品的具体细节再投资。毕竟，我们的宗旨是“认真对待自己的钱”。

基金一旦成立，就会永远存续吗

2014年以前的公募基金行业，“袖珍基金”遍地，却全都“垂而不死”，这一现象广受诟病，直到2014年才得以改变：两家公司为行业开了良好的先例，率先实施基金清盘。其实，基金[①]和公司、企业一样，也有生命周期，并且都适用“新陈代谢”的基本规律，“有生有死”才能实现整个生态的健康和资源的优化配置。

我们全面考察了美国共同基金的情况，统计了从2003年到2013年11年的数据，发现每年成立的新基金数量在500~700只，但同时每年也有400~600只的基金被清盘或者合并。一些特殊的年份，比如2009年，清盘或合并的基金数达到了870只，使得2009年基金的净增加数为负值。平均来看，每年合并或者清盘的开放式基金占存量基金总数的比重约为5%。从数据看，2000年到2002年的科技股泡沫破灭及此后的熊市是基金合并的高峰期。而清盘的高峰发生在经济危机的2008年和2009年。基金“有生有死”，所以美国共同基金的数量增加得并不快，2003年到2013年美国共同基金总数平均年增长率不足1%，但其间美国共同基金的总规模平均年增长率却达到了7%左右，11年下来单只基金的平均

① 这里的基金指开放式基金，不包括到期的封闭型基金和定开型基金。

规模增长一倍以上。

从基金的生存周期来看，美国共同基金的“长期存活率”也不是很高。一份来自先锋研究（Vanguard Research）的研究报告，考察了美国 1997 年到 2011 年公募基金的生存情况，发现 15 年间只有 54% 的基金生存下来；另外 9% 的基金被清盘；37% 的基金被合并，但这些被合并的基金中有一半后来又被合并或者清盘。当然，也有一些基金能够真正做到“基业常青”，比如先锋旗下的威灵顿基金（VWELX）成立于 1929 年，已经存在 85 年了。但是从长周期考察，很多基金都“夭折”了。

导致基金“夭折”的原因，大概有 3 类：一是基金业绩差，被淘汰。1997 年后的 15 年间美国被清盘或合并的公募基金的收益率，绝大部分都是跑输基准的。基金清盘合并前 6 个月、12 个月、18 个月的收益率中值也都显著低于基准。还有研究表明基金清盘或合并前都有净现金流出，说明投资者面对比较差的业绩表现选择了赎回。二是商业模式存在问题。历史上一些类型的创新基金集中涌现，但都是昙花一现，比如 20 世纪 80 年代中期的“政府担保基金”“短期多元市场基金”以及 20 世纪 90 年代的“希尔森（Shearson）90 年代基金”。这些产品初创时都曾风靡一时，但是因为创新模式并没有真正契合市场，所以后来都陆续消失了。三是合并同类项。运作较差的基金被合并到公司旗下同类较优秀的基金中；两家基金管理公司合并；两家公司存在相似的基金，则可以合并成为较大的基金，留下来的基金往往是管理运作较强的。这样既简化了管理，也实现了资源的优化，资金交给了更合适的管理人打理。

中国公募基金行业起步的时候，处于严格的管制状态，新基金“准生证”一证难求，导致管制放开后，基金公司疯狂追求“生育”，其结果是“多生”，但是很多都“养不好”、“养不大”。而近年来，随着基金“生死有序”的常态化，“优生”和“精养”正在逐渐成为行业主流理念。

万得资讯的数据显示，从 2014 年到 2018 年 6 月末，清盘基金已经接近 500 只，而 2018 年上半年以来的清盘基金就超过了 250 只。从 2017 年开始，进入清盘程序的基金数量骤增，且清算的速度也在不断加快。2017 年的清盘基金数量是 2016 年的 4 倍，而 2018 年上半年的清盘基金数量已经超过 2017 年全年。从基金类别看，在日益增多的清盘基金中，债券型基金和混合型基金成为主要清算对象，且清盘的力度还在显著增加。货币型基金在经历了 2015 年的一批清算后，清算速度趋于平缓。

部分规模较小或者运作不佳的公募基金面临被清盘的风险，而真正优质的基金则“越长越大”“基业长青”。投资者要理性看待基金清盘，客观合理地评估基金的运作情况，不断提高选择基金的能力。

第五章

知“基”知彼，走进基金公司

从公募基金20年的发展来看，截至2018年6月30日，国内公募基金公司已经达到133家，基金经理人数达到1 755人。在资产管理的整个运作过程中，基金公司、基金经理到底扮演什么样的角色？基金公司怎么对基金经理进行考核？作为一名基民，如何掌握基金公司和基金经理的信息，做到“知己知彼，百战不殆”？下面我们一起揭开基金管理的神秘面纱。

一只基金的24小时

24小时中，基金公司是怎么运作的呢？在回答这个问题前，我们先来看看基金公司的组织架构，基金公司内部组织主要分成三大体系，包含投资研究、市场销售和中后台支持，如图5.1所示。不同体系的各个部门之间必须紧密配合，才能顺利完成基金投资的一连串环节。

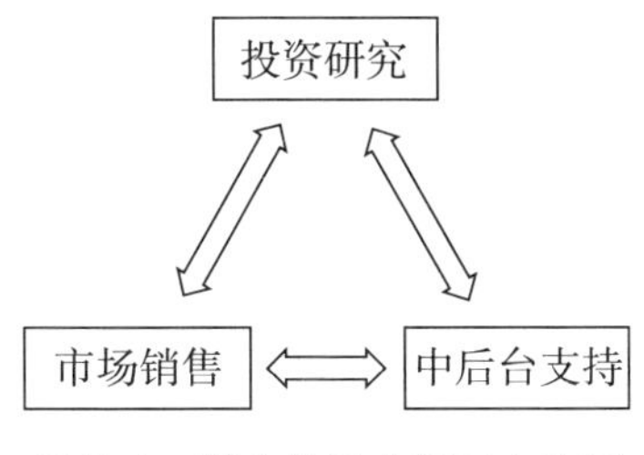

图5.1 基金公司内部三大体系

基金公司的核心价值——投资研究能力

整体来看，投资研究部门是直接面对资本市场的部门，可以分成投资和研究两个类别。一般来说，投资人员就是指管理基金的投资经理和投资经理助理等。工作职责就是通过买卖或持有股票、债券、基金来创造投资收益，他们拥有投资的决策权，直接为基金产品的净值涨跌幅负责，影响着基金的业绩表现。根据投资对象的不同，投资领域又可以分为权益类、债券类、商品及金融衍生品类、基金中基金等类别。

投资需要研究做支持，在投资部门之外，研究员也是一家公司的重要组成部分。基金公司的研究员是我们俗称的买方研究员，他们主要为公司内部服务，跟踪研究证券标的，并向基金经理提供行业分析结论和债券的买卖建议。根据研究证券的品种，研究员又可以分为行业研究员和债券研究员。

以行业研究员为例，股票研究员需要密切跟踪上市公司，通常按照行业分组，判断股票有没有投资价值，进而对股票做出买入、持有或卖出的建议。能够具备这样的判断能力，研究员不仅需要对上市公司财务状况、公司发展机会、内部治理结构有较好的把握，对其所在的行业也要有整体的深入了解和前景判断。

由于对有些行业的分析需要具备金融及理科的跨领域知识，比如化工、医药行业等，所以不少研究员都是跨专业领域的复合型人才。每个行业的研究员数量不同，具体会依据行业的体量和公司的人力资源配置，一名研究员可能覆盖多个行业，一个行业也可能有多名研究员覆盖。

债券研究员可以分为宏观研究员和信用评级研究员，分别对应着分析利率债及信用债。

基金中基金研究员，以研究基金为主，他们通常具备较好的量化分析和大类资产配置能力。

国内基金经理的职业路径通常是由研究员开始，累积几年行业研究员的经验后，转为基金经理助理，以助理的形式辅助基金经理管理基金，经过一段时间的管理历练后，被提拔为基金经理。所以，研究员工作一般是走上基金经理的必经之路。但是，这不意味着所有研究员都以基金经理为职业志向，有一些相当专业的研究员选择长期研究。他们深入了解行业内部的运作方式，学习最新的知识和技术，通过不断积累成为行业专家，以实力获得业内的尊重。

总体来说，基金经理需要研究员提供有用的投资建议，研究员需要基金经理以实际投资来证明研究成果，两者是相互帮助、相互依赖的关系。

酒香也怕巷子深——基金销售的“道”与“术”

截至 2018 年 6 月 30 日，基金公司已超过 130 家，基金已超过 6 000只。这么多不同的基金产品，要根据客户的风险偏好和风险承受能力，把更合适的产品推荐给投资者，自然少不了基金销售人员。销售人员是基金公司直接面向外界的一线员工。基金公司的销售模式可以根据机构/个人、线上/线下、直销/代销来区分。基金公司通常采用线下直销的方式来服务机构投资者，采用线上/线下、直销/代销的多元模式来服务个人投资者。基金公司根据销售模式和客户属性的不同，会设立机构、渠道、电商和个人直销 4 个销售业务部门。

机构部专门负责服务机构投资者。除了个人投资者外，包括社保和养老金管理机构、保险公司、银行、券商、上市公司在内的多种机构都有基金投资的需求。这些机构客户通常单笔投资金额较大，对基金投资较为专业，因此基金公司基本上都以直销的方式来服务机构客户，直接由机构客户经理对接机构投资者的投资需求。

渠道部主要服务于传统的“线下”代销机构，比如银行、券商、期货公司等，当然，现在大部分传统金融机构也都开展了线上业务。基金公司将旗下的基金在代销机构的“金融产品超市”中上架，由代销机构的客户经理向一般大众推荐，代销机构类似分销商，这种销售模式是最传统的针对客户的销售模式。基金公司的渠道部员工主要负责对接代销机构的客户经理等，并不直接对接最终的个人客户。可以回想一下，我们去银行办事时，非现金业务柜台上总有很多宣传单页，上面总有基金产品，当我们询问有什么可投资的产品时，客户经理便会向我们推荐一些适合我们风险承受能力的基金。这样的销售模式，其实就是线下渠道的代销模式。

受惠于互联网的发展，现在基金销售从原先的线下代销慢慢走上了线上，电商销售是基金公司近几年最火的销售模式。从原先的完全依托传统金融机构，转变为与蚂蚁金服、腾讯理财通、天天基金网等线上第三方销售平台合作，基金公司靠着这些大型互联网公司，在获得基金销售牌照的第三方销售平台上来销售基金。与线下代销不同的是，在线上代销机构买基金的大多是基金新手，普遍有年纪轻、金额少、交易频繁的特点，因而图文并茂、活泼易懂的投资者教育文案成为基金公司在线上与投资者进行沟通的好方式。

基金公司的个人客户虽然大都从线下或线上代销机构而来，但还是有一小部分个人客户是需要直销服务的，即资产净值较高的群体。个人直销服务，就像银行的客户经理服务一样，专人一对一服务，根据每位高净值客户的不同需求，基金公司的客户经理按照客户量身定做理财方案。这不仅指公募基金，也包括专户产品。

总体来说，基金公司的市场销售模式有很多种，不同模式的销售人员需要具备不同的专业能力，比如机构的客户经理需要更了解机构资金的收益和风险偏好；线下渠道的销售人员要具备较好的口语表达能力，而且要比较勤奋，因为要时常出差到渠道方沟通；线上电商的销售人员要有好的文案撰写能力，要将复杂、专业的金融理论转化为新手都听得懂的知识内容。但有一点是共通的，即基金公司的销售人员需要具备较好的专业能力。

基金产品销售与一般消费品销售最大的不同在于，客户买基金买的是一种售后服务。销售动作对于基金而言只是一个开始，我们与客户是长期相伴的。因为投资是长跑，产品营销也是长跑。作为基金销售人员，最重要的是理解并满足客户真实的理财投资需求，追求可持续的、健康的基金营销，与客户共赢；在客户沟通方面要做到专业、用心、真实，坚持以客户赢利为核心目标。

投资的“幕后英雄”——中后台部门

基金公司的中后台包含很多职能，除了一般企业都有的人事、财务、行政、IT 和法务等“幕后英雄”外，比较特别的职能有风险控制、清算、交易和基金会计。由于基金公司的业务是资产管理，整个过程都与“钱”有关。对“钱”的安全性和准确性的保障是基金公司让人信赖的基石，基金公司必须做到每笔资金都正确无误，每项投资尽可能减少风险，每个证券的估值都客观公正。因此，中后台虽然不常出现在公众的视野中，但是它们是保障客户资金的重要“幕后英雄”。

投资的本质就是通过承担风险获得相应的报酬，因此承担风险是必然的事实。所以风控人员对一家基金公司来说至关重要，在投资流程中也享有相当高的话语权。平时，风控人员必须在投资、交易环节设置一系列风控流程，层层把关，所以他们最重要的工作就是监控基金经理的投资是否有可能出现风险事件。他们不仅要对研究投资、公司业务操作有相当专业的知识，还要有较强的信息收集能力；因常常需要写代码编程，也要针对关键字、指标阈值等进行时时跟踪。

清算人员要保证每笔资金的流进、流出正确无误。基金公司对接的销售渠道少则10多家，多则上百家；每家销售机构每天又有几十笔到上千笔的交易发生，每天累计交易金额都是以亿为单位；要确保每笔业务的数据不出差错，将持有人的钱“计算”好，基金清算是幕后最大的功臣。

交易室里是俗称的交易员，他们按照基金经理的下单指令，在交易市场执行买卖的工作。交易员买卖股票和债券都要非常严谨和仔细，因为每笔交易都是不允许犯错的。虽然他们只是执行下单指令，但其中蕴藏着非常高的技术含量。比如在股票交易中，基金经理虽然下了交易指令，但是市场价格是在时时变动的，交易员需要根据市场每日的成交情况、交易价格做出预测和判断，尽可能在基金经理指令的要求下低买高卖，实现减少持仓成本、增加投资收益的目标。

基金会计和一般的财务会计不同。基金会计仅做有关基金产品的会计工作，最易懂的一项工作是计算每日基金的单位净值。我们都知道A股过去时常发生停牌事件，在二级市场没有公允价值的情况下，要怎么计算一只基金的单位净值呢？基金会计有很多科学的方法，比如指数收益法、可比公司法、市场价格模型法和估值模型法等，以帮助证券标的在没有公允价值的情况下进行估值。

基金交易的黄金时段：9:30—15:00

每天太阳东升西落，一只基金究竟是怎么经历这24小时呢？

每天9点债券银行间市场就开始活跃起来，各种债券询价的QQ群（腾讯多人聊天的公众平台）就开始热闹起来，债券交易员会与潜在的交易对手方在 QQ 群中询价。

“我这里 2 个亿 30 天 4.2%，要不?”

“太贵，4.0%。”

“最低 4.1%。”

“好，发询价单过来。”

9 点 30 分 A 股开市，各个基金经理下达的股票交易指令都已经传至交易室。开市 A 股大盘大跌 2%，成交量并不高。

“经理，××卖不到 95 元，今天还要出吗?”

“有 92 元就先出一半吧。”

“今天的量估计有点儿难!”

“没事，能出多少就先出多少。”

交易的黄金时段，基金经理和交易员是最忙的一群人，特别是交易员。基金经理通常会在开盘前下好当日需要执行的交易指令，交易员等到开盘后在盘中尽力执行基金经理的指令，在盘中若遇到什么情况，便及时电话沟通。

对于基金经理的工作，大家常有误会。很多人都以为“每分每秒盯着屏幕上密密麻麻的数字跳动”是基金经理在交易时段的常态，但这只说对了一部分。深信长期投资理念的基金经理，并不需要每天都交易，短期的股价波动是相对正常的事，在上市公司基本面没有出现重大变化之前，他们不会频繁交易股票。所以即使在交易时间，基金经理还是会把大多时间花在研究上。

“最近新能源产业受补贴政策停止的影响，估计利润会有 30% 的下跌。”

“这对龙头企业的影响可能比较小，体量靠后的企业，在没有补贴的情况下，利润下跌的幅度可能更大。”

“上周我们实地考察了深圳的上市公司，估计内部将有两年的调整期，会影响低端产品。”

“所以你们估计行业整体的增速会减少多少？”

“预计从 50% 放缓到 35%。”

基金经理在交易时间，除了交易外更多是在接收信息和深入分析。比如大多时候，上市公司、券商研究所的人会去基金公司与基金经理做深度交流，讨论行业以及公司的各种信息。

除了投资研究之外，交易时间也是市场销售的黄金时段。基金申赎的执行时间也是早上 9：30 到下午15：00，过了下午 15：00 的申赎就需要到下一个交易日才计入交易单。因此新发基金或在基金只有一段申购期的时候，交易截止时间就显得非常重要。如果错过了，交易员就要等到下一个开放期或封闭期结束才可以申购。

普通开放式基金的交易时间，对一般投资者不是特别重要，毕竟错过了今天可以明天再申购，但对于机构投资者就不同了。

由于机构投资者对于资金的使用效率要求较高，而且资金量也比较大，执行交易时若时间安排错误，影响会比较大。以保险公司投资货币型基金为例，货币型基金作为流动性管理的工具，年化收益率、增长率分布在 3% ~5% 之间。假设保险公司准备投 10 亿元，因为时间问题晚了一天投资，资金在账上以现金方式停留，则会导致保险公司当日少赚 10 万元左右；或因错误的时间安排，导致资金无法与后续的投资项目对接。

15:00 即收盘过后才是忙碌的开始

收盘后，投研人员是比较放松的时候，基金经理在收盘后通常会和公司内部研究员、券商研究员及其他基金经理交流关于当日盘面的一些观点，一起探讨市场、行业的相关问题。除了投研间的交流之外，市场销售与投资研究人员的交流也会在收盘后密切展开，比如基金经理调研，使得投资者更好地了解基金经理的操作逻辑和市场观点。基金公司自己的销售团队也会在收盘后和投研人员交流，保持对市场的敏感度。

对于有些部门来说，收盘之后才是每天重点工作的开始，特别是中后台。下午 3 点股市收盘后，中后台人员开始整理当天的交易数据。5 点以后，上海、深圳交易所会传回当日的交易报表，中后台人员开始合账，随着交易价格、交易标的、市场公允价格的确认，陆续形成计算每只基金净值的基础数据，基金的当日单位净值最终会在晚上 9 点左右生成，投资者可以在基金公司官网、各种基金信息披露渠道看到最新的产品单位净值。

一位基金经理的 360°

基金经理是基金公司最重要的群体之一，他们管理着广大持有人的资产，在整个基金投资过程中承受着相当大的压力，毕竟每个操作背后都是持有人辛苦挣得的积蓄。同时，公募基金经理还要每天承受净值排名的压力，排名就像每天公示的“成绩单”，不过比较成熟的基金经理更看重中长期的业绩排名。

基金经理是万中选一？　他们是从哪里来的

截至 2018 年 6 月 30 日，国内公募基金在职的基金经理达到 1 755 人，管理着超过 12 万亿的资产。这些手握钞票的人，其实背景各不相同，但从统计上来看，硕士是主要的学历，占比高达 82.34%，如图 5.2 所示。毕业于国内前十大顶尖高校的基金经理占所有基金经理的约 23.42%，其中，基金经理人数排名前 3 的是北京大学（82 人）、复旦大学（74 人）及清华大学（68 人），如

图 5.3 所示。

基金经理的核心工作就是依靠研究得出投资决策，拥有研究员或分析师从业经验的人数占比超过 74.30%。正如我们前面所说，当一位研究员或分析师想从研究领域往投资领域迈进的时候，基金经理助理是一个过渡角色。据统计，有 40.40% 的基金经理在过去从事过基金经理助理的工作。

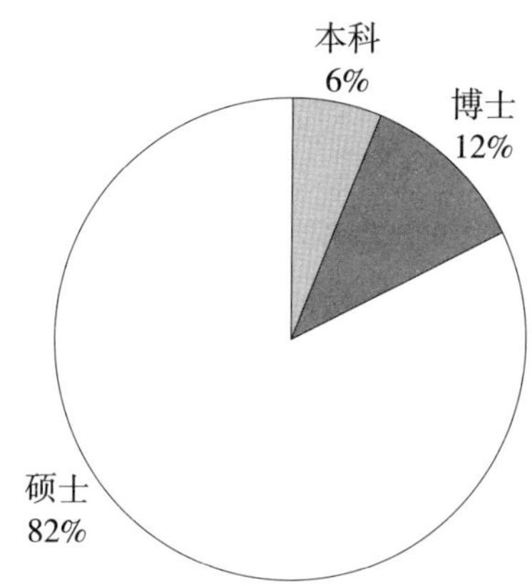

图 5.2 基金经理学历占比

资料来源：万得资讯，数据截至 2018 年 6 月 30 日。

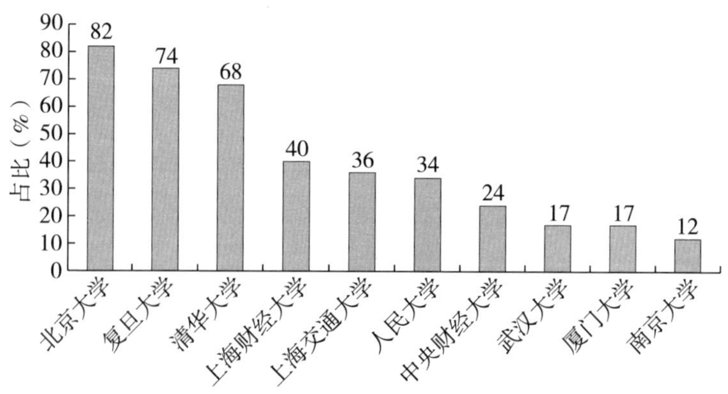

图 5.3 毕业于国内顶尖大学的基金经理数量

资料来源：万得资讯，数据截至 2018 年 6 月 30 日。

在这个行业，基金经理是“越陈越香”。一方面，经历过较长经济周期的基金经理，累积了较多不同市场环境下的投资经验；另一方面，时间能够有效检验基金经理的投资能力。因为基金经理要面对残酷的考核，能够做得久就代表已经通过公司内部绩效的考核。根据我们对国内基金经理从业年限的统计，截至 2018 年 6 月 30 日，年限在 10 年及以上的基金经理只有 53 人，仅占整体的 2.95%，如图 5.4 所示。行业中，年限最久的是 14.74 年，整体平均年限为 3.26 年。考虑到中国的公募基金行业始于 1998 年，所以国内公募基金行业及基金经理都还是相对年轻的。

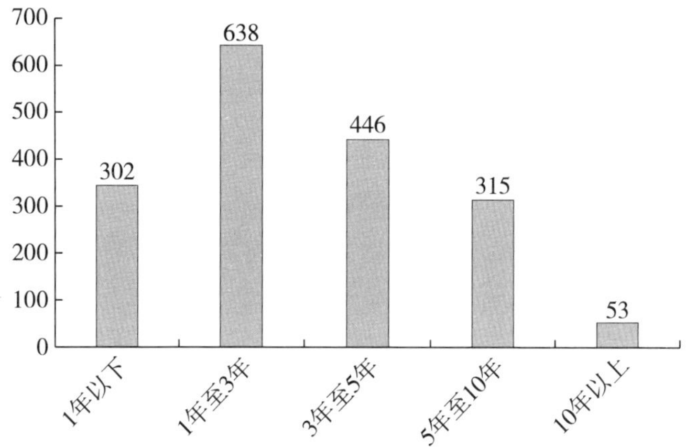

图 5.4　基金经理从业年限分布

资料来源：万得资讯，数据截至 2018 年 6 月 30 日。

很多人会考虑自己学历不高，读的并非顶尖大学，如果通过考证来证明自己的实力，是否有机会当上基金经理。从统计来看，基金经理持有特许财务分析师（CFA）和注册会计师资格证书的比例其实不高。在 1 755 位基金经理中，持有特许财务分析师资格证书的有 87 人，持有注册会计师资格证书有 14 人，两者皆持有的有 10 人。可见，考证并不是当上基金经理的重要条件。

我国基金经理的国籍是比较单一的，主要因为国内公募基金还是以投资境内市场为主。据统计，持中国境内身份证的基金经理高达 97.83%。

基金经理的 24 小时

基金经理是一份压力相当大的工作，无论是基金持有人、媒体还是公众，都会对基金经理投以高度的关注。而在紧张的工作之余，他们还需要兼顾生活。

基金经理的本质是做投资决策，包括买哪类证券、买什么证券、买多少仓位等。做这些决策需要以大量的知识和信息为基础，所以基金经理平时的工作以获取和分析信息为主，包括到上市公司实地调研，与券商研究员交流，与内部研究员讨论，或参加相关行业研讨会等。

所以一般基金经理的一天是这样的：早上 7 点起床，在上班前处理微信里成百上千条的未读信息，8 点半前到公司开晨会。晨会上，研究员会先把近期发生的财经新闻梳理一遍，随后行业研究员会将自己覆盖的上市公司的最新情况做简单汇报，包括政策对该行业的影响、上市公司财务数据的点评等。会议中会有券商分析师电话接入，分享他们最新的观点。晨会一般开半个小时。

9 点半开盘前，基金经理一般会把今天要下的交易指令准备好，传送到交易室，让交易员开盘后执行。9 点半开盘，基金经理盯着盘面上的情况，视具体情况可能继续做下单指令。盘面没有特别波动的话，基金经理会看内部研究员、券商研究员出具的研究报告，如果有特别感兴趣的，会安排收盘后见面详谈。11 点半中午休息，基金经理或去吃饭，或去运动，或安排工作餐时交流讨论。下午 1 点开盘，重复上午的模式。在交易时间安排交易的基金经理会密切与交易室沟通，确保能在预期内完成所有交易。

下午3点股市收盘，基金经理开始交流当天盘面的观点，以及对之后操作的想法。3点半后，基金经理可能接受客户经理安排的路演，和客户沟通投资理念和市场观点；也可能安排券商研究员到公司，针对先前发送过的研究报告进行深入交流。5点下班，基金经理可能留下来加班，可能去运动或者照顾家人。晚餐后，大部分基金经理会开始看报告、看数据、看新闻。特别是上市公司公告一般都在收盘后发布，所以从收盘后到睡觉前，基金经理都可能有最新的公告要跟踪。

整体来看，基金经理需要不停地接受大量的信息，深入分析数据并找出决策依据，所以基金经理的工作时间总是在看报告、与人交流、调研中度过，这中间需要有自己深入的思考，以及对行业知识的不断积累。从时间段来看，除了交易时间外，并没有特别的要求，毕竟基金经理的核心工作就是做好投资决策，只要能为持有人赚得不错的收益，没有人会对基金经理有太多抱怨；相反地，如果长时间业绩不佳，基金经理就会承受相当大的压力。所以，基金经理在身体上要能够承受阅读大量信息、深入分析的工作压力，在心理上还要有很强的抗压能力。

基金公司如何评估基金经理做得好不好

基金经理考核指标一般分两个维度，一个是投资指标，另一个是销售指标。每家基金公司的侧重不同，有些基金公司不考核销售指标，有些会考核较多的销售指标。考核指标的设置，反映了一家基金公司在战略层面上的追求。

投资指标怎么计算？一般参考十大评级机构发布的基金排名数据。目前基金行业仅能使用基金评级机构会员发布的基金评级数据，评级机构有晨星中国、银河证券、海通证券、天相投顾、上海证券、招商证券、济安金信、《中国证券报》、《上海证券报》、《证券时报》。

基本上，基金经理的考核区间以自然年为单位，考核每个区间的相对排名，每家基金公司考核的区间不同，通常为过去 1 年、过去 2 年、过去 3 年、过去 5 年和过去 7 年。每个区间设置不同的权重，如果比较在乎短期业绩的基金公司，会给过去 1 年更高的权重；而重视长期业绩的基金公司，会给长区间更高的权重。除了权重之外，收益排名的门槛也会有所不同，重视长期业绩的公司，可能要求过去 1 年、过去 2 年的业绩排名在同类前 1/2，过去 3 年、过去 5 年的业绩排名要达到前 1/4，过去 7 年的排名要达到前 1/8，但也有基金公司仅要求每个年度皆排名在前 1/2。重视短期业绩的基金公司，可能鼓励过去 1 年、过去 2 年的基金业绩排名在同类前 1/4，而对长期业绩不进行考核等。

我们以兴全趋势投资基金为例，根据中国银河证券基金研究中心截至 2017 年 12 月 31 日的数据，其过去 1 年、2 年、3 年、5 年及 7 年的同期同类排名为 27/134、9/129、14/117、8/105、3/97。有了基金的业绩数据，再配上每家公司不同的考核要求，就可以算出基金经理的部分投资业绩。

基金公司的经营模式以收取管理费为主，基金的规模大小影响管理费的多少。

造成基金规模变动的，除了投资业绩外，还有销售因素导致的份额申购和赎回。因此除了投资业绩的考核外，大部分基金公司会对基金经理在销售层面进行考核，考核指标包括基金规模、对销售的支持配合度等。其中，规模包括申购金额、净申购金额、基金规模等定量指标；销售支持包括为客户路演的次数、平时配合销售部门的程度等。这部分具体的考核方法，每家基金公司的差别较大，甚至有些主要以追求业绩为发展战略的公司对基金经理是不设销售考核指标的。

一般新发基金最需要基金经理做销售支持，毕竟一只基金产品的核心是基金经理的投资逻辑、市场判断和操作规划。一般线下代销渠道，比如银行、券商或第三方理财平台，会邀请基金经理在发行基金时对渠道的客户进行路演，通常是在一个大会议厅的讲演形式；机构客户，特别是保险公司、银行，会通过电话路演或当面调研的形式来了解基金经理。这些支持销售的行为，能够让客户更加了解基金经理和基金产品，进而推动销售。

如何充分获得基金公司的信息

秘密都藏在官方网站里

如果你已经锁定了具体的基金公司，想要知道它的信息，最直接的方法就是浏览基金公司的官网或者官方 App。因为根据监管的要求，几乎所有基金公司必须披露的消息都需要放到官网上。我们以兴全基金的官网为例，它对旗下基金的产品净值、基金规模、历史业绩都有明确的信息公示。你可以到“基金超市”里，查询兴全基金旗下所有基金的介绍，包括基金概要、基金经理、投资组合、费率结构、基金净值、基金公告、基金绩效和分红记录等。

如果我们想要知道一只基金适合什么风险级别的人购买，可以到介绍该基金公司的网站查询产品的风险级别。一般投资者可以根据自己在网上或线下渠道做的风险级别测试结果，选择适合自己的基金产品。

专业人士的基金数据库——万得资讯

万得资讯是专业人士用的金融数据库，类似海外的彭博，里面包括股票、债券、外汇、基金、商品等类型的数据。基金模块里分为信息速览、业绩排行、多维数据、专题统计和其他理财。一般基金公司员工在做基金研究时，最常使用的是“多维数据”里的数据浏览器，它涵盖了所有历史和最新的基金信息，可以依照需要的基金类型进行搜集排列，基本可以支持基金公司内部所有相关市场分析、基金评级和基金研究的工作。但由于万得资讯并不是证监会认可的基金评级机构会员，所以这些数据仅供参考。

如何读懂基金公司的报告

如何了解一只基金呢？我们要看基金定期披露的“健康报告”，每个季度基金都会披露季报，包括第一、第二、第三、第四季季报，还有8月的半年报、3月的前一年年报。这些报告都是应证监会要求披露的法律文件，里面包括一只基金的“所有秘密”。

前面我们提到如何找基金的信息，那些信息基本上都是从这些定期报告里摘选出来的。一份正式的基金年报包括哪些内容呢？一份完整的基金年报多达几十页，以兴全轻资产2017年报为例，它共有64面之多，主要包括以下几个层面的信息：主要财务指标、基金净值表现及利润分配情况、基金管理人报告、年度财务报表与投资组合信息等。

下面我们摘选出一些关键信息，帮助大家更快理解一只基金的运作情况。

我的基金到底赚了多少钱？ 最简单的是看净值

净值是基金产品及基金经理过往业绩的最重要考核指标，我们阅读报告时可以了解该基金报告期的业绩及超越基准的情况。同时，我们还可以把行业同类基金表现均值或中位数作为参考标准，以客观地了解基金业绩情况。

报告期利润才是进持有人口袋的钱。有意思的是，基金赚到钱并不意味着基民赚到钱，如某一极端情况：一只基金在某一季度的前2个月净值连续亏损，持有人“含泪”赎回；但第3个月基金净值大涨，即使最终近一个季度涨幅为正，但是绝大多数的持有人是亏钱的。因此，基金报告中的财务指标——报告期利润是准确反映了为持有人赚钱的规模。

基金经理的股票/债券购物车：重仓投资组合

资产配置是指基金在股票、债券及现金等不同类型资产间的投资，我们通过“资产配置比例”相关数据可以了解这只基金的资产配置比重。股票占基金总资产比例是我们通常所说的股票仓位高低。

重仓投资组合往往是专业投资机构最关心的内容之一。因为我们通过这些信息可以了解基金经理买了哪些股票、债券等标的，有心者还可以将其与过往的持仓情况及基金经理观点做比较，从而考察基金经理投资思路的变化以及操作偏好、习惯。而且，投资者可以加入股票的区间涨跌幅情况辅以考察，不但可以粗略估算出股票对于基金业绩的贡献情况，也可对基金未来走势做出粗略判断。

有多少人和你眼光相同？ 看持有人结构

如果你买了一只基金，会不会想知道有多少人和你一样买了这只基金呢？基金份额持有人信息会告诉我们这只基金中机构和个人投资者的持有份额及占比。持有人数量多，代表这只基金的口碑比较好、成立时间比较长，在基金行业的知名度高。

基金经理怎么看——投资回顾及后市展望

相信一般投资者都相当关注基金经理怎么看市场，定期报告披露了这一内容，“报告期内基金投资策略和运作分析”“管理人对宏观经济、证券市场及行业走势的简要展望”这两个部分简要交代了基金经理的操作回顾和市场观点。

别看这两个部分篇幅不长，却可能含有重要的信息。兴全基金在 2015 年第一季季报里就公开表明了对市场泡沫的关注，随后的 2015 年 5 至 6 月市场发生剧烈波动。当时如果有人关注到这份季报，或许能够做出准确的操作。

基本上，所有基金的相关信息都会在定期报告中披露，如果你对一只基金深感兴趣，或你已经投资了某只基金，查看定期报告可以获得相当多有用的资讯。